フロイト全集
16

1916-19年

処女性のタブー
子供がぶたれる

岩波書店

［本巻責任編集］
本間直樹

SIGMUND FREUD
GESAMMELTE WERKE Volume 1–17
NACHTRAGSBAND
ZUR AUFFASSUNG DER APHASIEN

This Japanese edition published 2010 by Iwanami Shoten, Publishers, Tokyo
by arrangement with
S. Fischer Verlag GmbH, Frankfurt am Main
through The Sakai Agency, Tokyo.

1917 年のフロイト．

凡　例

・本全集は、フィッシャー社(ドイツ、フランクフルト・アム・マイン)から刊行された『フロイト全集』(全十八巻、別巻一)に収録された全著作を翻訳・収録したものである。

・収録全著作を執筆年代順に配列することを原則とした。ただし、後年に追加された補遺や追記の類いについては、内容上の関連を優先して当該著作の直後に配置した場合がある。また、各巻は、重要と判断される規模の大きい著作を前に、その他を「論稿」として後にまとめて収録し、それぞれのグループごとに執筆年代順で配列して構成した。なお、フロイトの著作には執筆年代を確定することが困難なものも多く、これらについては推定年代に基づいて配列順を決定した。詳細については、各篇の「解題」を参照されたい。

・本巻には、一九一六年から一九一九年に執筆された著作を収めた。翻訳にあたって使用した底本は、以下のとおりである。

Sigmund Freud, *Gesammelte Werke*, X, Werke aus den Jahren 1913-1917, herausgegeben von Anna Freud, E. Bibring, W. Hoffer, E. Kris, O. Isakower, Imago Publishing Co., Ltd., London, 1946, Achte Auflage, S. Fischer, Frankfurt am Main, 1991.

Sigmund Freud, *Gesammelte Werke*, XII, Werke aus den Jahren 1917-1920, herausgegeben von Anna Freud, E. Bibring, W. Hoffer, E. Kris, O. Isakower, Imago Publishing Co., Ltd., London, 1940, Sechste Auflage, S. Fischer, Frankfurt am Main, 1986.

Sigmund Freud, *Gesammelte Werke*, Nachtragsband, Texte aus den Jahren 1885-1938, herausgegeben von Angela Richards unter Mitwirkung von Ilse Grubrich-Simitis, S. Fischer, Frankfurt am Main, 1987.

・本文の下欄に底本の巻数および頁数を表示し、参照の便宜をはかった。巻数は各篇冒頭に「GW-XII」などと示し、以降、底本における各頁冒頭に該当する個所にアラビア数字で頁数を示した。なお、フィッシャー社版『フロイト全集』の拾遺集として刊行された別巻(Nachtragsband, Texte aus den Jahren 1885-1938)については、「Nb」の略号を用いた。

・「原注」は「＊1」「＊2」の形式で示し、注本文を該当個所の見開き頁に収めた。

・「編注」は「(1)」「(2)」の形式で示し、注本文は巻末に一括して収録した。これは、各訳者が作成した本文の内容に関する注を各巻の担当編集者がまとめたものであり、ここには各種校訂本、注釈本、翻訳本に掲載されている注解を適宜、翻訳引用する形で収録したものと、本全集で各訳者が新たに執筆したものが含まれる。これらを区別するため、引用した個所については【　】を付し、冒頭にその出典を明示することとした。各出典を示すために用いた略号は、以下のとおりである。

GW　Sigmund Freud, *Gesammelte Werke*, 18 Bände und Nachtragsband: Bände I-XVII, Imago Publishing Co., Ltd., London, 1940-52; Band XVIII, S. Fischer, Frankfurt am Main, 1968; Nachtragsband, S. Fischer, Frankfurt am Main, 1987.

SA　Sigmund Freud, *Studienausgabe*, 10 Bände und Ergänzungsband, S. Fischer, Frankfurt am Main, 1969-75.

TB　Sigmund Freud, *Werke im Taschenbuch*, 28 Bände, Fischer Taschenbuch Verlag, Frankfurt am Main.

SE　*The Standard Edition of the Complete Psychological Works of Sigmund Freud*, 24 Volumes, The Hogarth Press, London, 1953-74.

OC　Sigmund Freud, *Œuvres Complètes*, 21 Tomes, Presses Universitaires de France, Paris, 1988- .

・フロイトの著作には、単行本、雑誌掲載論文などの刊行形態を区別することが困難なものが多く、本全集では村上仁監訳、J・ラプランシュ、J-B・ポンタリス『精神分析用語辞典』（みすず書房、一九七七年）所収の「フロイト著作年表」において単行本として刊行された旨が記されている著作は『　』を、その他の著作は「　」を付す形で表示した。
・本文および編注において用いた記号類については、以下のとおりである。

〔　〕　訳者によって補足された個所（欧文中の場合は［　］）
《　》　原文においてイタリック体で表記されたドイツ語以外の術語など
傍点　原文におけるドイツ語の隔字体（ゲシュペルト）の個所
ゴシック体　夢の内容など、本文中にイタリック体で挿入された独立した記述

目次

論　稿（一九一六―一九年）

3　精神分析作業で現れる若干の性格類型

Einige Charaktertypen aus der psychoanalytischen Arbeit

医師が神経症患者にたいし精神分析による治療を行うとき、いきなり当の患者の性格に関心を向けることはない。医師が知りたいと思うのはむしろ、患者の症状がなにを意味しているのか、症状の背後に隠れている欲動の蠢《うごめ》きはどのようなものか、いかなる欲動の蠢きが症状によって充足するのか、さらに欲動の蠢きが症状へといたる秘密にみちた道筋はどのような段階を経るのか、といった事柄だ。そして、医師が従うべき技法は、さしあたり彼の知識欲を別の対象へとすみやかに向かわせる。医師は、患者が示す抵抗により、自分の探究が脅かされていることに気づいたとき、そうした抵抗が患者の性格に由来すると考えるだろう。この時点ではじめて性格が、医師の関心事となるのである。

自他ともに認める患者の性格特性が、いつも医師の努力にたいして抵抗するわけではない。患者がごく控えめにしか備えていないと思われていた性質のうちには、予期せぬ強度にまで高まるものも、しばしば見られる。また、患者の生活のほかの関連のなかでは窺われなかった態度が、おもて立ってくることもある。以下では、こうした驚くべき性格特性のいくつかを記述し、その由来をさぐってみよう。

I　例外人

精神分析の作業がつねに向かい合うべき課題と自認しているのは、患者に安易で直接的な快の獲得を断念させることである。患者におよそ快をすべて断念せよというのではない。そのようなことは、いかなる人間にたいしても要求できまい。宗教ですら、現世的な快の断念を求める根拠として、そのかわり彼岸では、〔現世的な快とは〕比較にならないほど大きな、価値ある快を得ることができると約束しなければならない。否、〔精神分析は〕患者に、かならず害をともなうような充足のみを断念せよというのである。患者はしばらくのあいだ、快の獲得をひかえるだけでよい。直接的な快の獲得を、先のことにはなるが、はるかに安全な獲得と入れ換えるすべを学べばよいのだ。言いかえれば、患者は医師の指導を受けて、快原理から現実原理へと進歩しなければならないのである。この進歩こそが、大人と子供を分かつものにほかならない。こうした教育的な作業をすすめる場合、医師がより深く洞察しているからといって、それが決定的な役割を果たすことにはならない。たいてい、医師が患者に向かって言えることは、患者が自分について思考判断できることとほとんどかわらない。しかしながら、あることが自分で分かっているというのと、それを他者から聞かされるというのとは、同じことではない。この効果的な他者の役割を引き受けるのが、医師なのである。つまり医師は、ある人間が別の人間におよぼす影響力を利用する。あるいは、考えてみれば精神分析では、派生したものや希釈されたものに代えて本来的で根源的なものを据えるのはごく普通のことだ。そして言うなれば医師は、その教育的作業において、愛情を構成するある要素を利用する。医師はそうした再教育にあたって、そもそも最初の教育を可能にした過程を反復するにすぎないのかもしれない。愛情とは、生活の必要とならぶ、偉大なる教育者である。そして未完成の人間は、身近にいる人間の愛情があればこそ、生活の必要が定める掟に意を払い、それを侵犯すると科せられる懲罰を受けないように振舞うにいたる。

そういうわけで患者は、なんらかの快充足をさしあたり断念することが要求される。それはひとつの犠牲、よりよい転帰を得るためにしばらく苦しみに耐えることをよしとする心構え、あるいはだれもが共有する必要性に服そうという決心とでも言うべきものだ。そうしたとき、それぞれ個別の理由があって、この要求に従おうとしない人たちが現れる。彼らに言わせれば、自分たちはさんざん悩み不如意に苦しんできた、このうえさらにあれこれ注文をつけるのは勘弁してもらいたい、不愉快な必要性にもはや律されたくない、自分たちは例外であり、また例外でありつづけるつもりだ、云々。この種の患者の場合、そうした訴えが高じて、あのつらい犠牲を払わずともよいように取り計らってくれる特別な摂理に守られているという信念となる。かくも強く示される内的確信をまえにしては、医師の説明が奏効することはなく、影響力を行使することもままならない。そこで医師は、この害ある先入見を養っている源泉を探索しようと考えるにいたる。

ところで、まず間違いないのは、ひとはみな自分こそ「例外的存在」であると言い立て、周囲にたいして特権を主張したがることである。だが、そうであればこそ、じっさいある人物が自分は例外的存在だと明言し、また例外的存在として振舞う場合には、なにか特別な、凡百のものではない理由づけが不可欠となる。そうした理由は、いくらもありそうだ。私が扱った症例では、患者たちの以前の生活の転変のなかに共通の特質があることが立証された。すなわち患者たちの神経症は、彼らが子供時代に遭遇した体験、ないしは苦痛と結びついていたのだ。彼らはそれらの体験や苦痛について、自分の罪ではないと考えていたし、また自分に不当な不利益をもたらすものとみていた。彼らは、こうした不正を理由に自分たちの特権を言い立て、また不従順な態度をとった。この特権や不従順が、のちに神経症の発現へとつながる葛藤の尖鋭化に与るところは、けっして小さくない。ある女性患者の場合、彼女が人生にたいし右に述べたような態度をとるにいたったのは、自分の人生の目標到達を妨げている身体的病苦が、先天性のものだと知ったときである。病気は偶発的な後天性のものだと考えていたあいだ、彼女はそれに粘り強く耐えていた。しかしそれが、生まれつきのものだと言われて以降、反抗的な態度を示すにいたった。自分はある格別の神意に守られていると信じこんでいた青年の場合、乳児期にたまたま乳母から感染症をうつされたのち、まるで災害保険金をもらうかのごとく賠償請求を繰り返すことに、以後の全人生を費やしていた。自分がなにを根拠にそうした要求を重ねているのか、考えてもいなかった。この患者の場合に得られたこうした結論は、分析によって、曖昧な記憶の残滓や症状解釈から構築され、家族の証言によって客観的に裏づけられた。

容易に理解できる理由づけについて、あれやこれやの病歴からこれ以上の報告をすることはやめておこう。病弱な子供時代を長く過ごしたのちに生じる性格の歪みと、苦難に満ちた過去をもつどの民族も示す行動との、はっきりした類似についても、立ち入ることはしない。ただ、大文豪が創造したひとりの人物には、ぜひとも触れておきたいと思う。この人物の性格のなかでは、特例要求が先天的不利益という要因と緊密に結びつき、しかもそれによって動機づけを与えられているのである。

シェイクスピアの『リチャード三世』の冒頭、のちに王位につくグロースターは、ひとりごちて言う。

だがおれは、生まれながら色恋遊びには向いておらず、鏡を見てうっとりするようなできぐあいでもない。
このおれは、生まれながらひねくれて、気どって歩く
浮気な美人の前をもったいつけて通る柄でもない。
このおれは、生まれながら五体の美しい均整を奪われ、
ペテン師の自然にだまされて寸詰まりのからだにされ、
醜くゆがみ、できそこないのまま、未熟児として、
生き生きと活動するこの世に送り出されたのだ。
このおれが、不格好にびっこを引き引き
そばを通るのを見かければ、犬も吠えかかる。
……
おれは色男となって、美辞麗句がもてはやされる
この世のなかを楽しく泳ぎまわることなどできはせぬ。
となれば、心を決めたぞ、おれは悪党となって、
この世のなかのむなしい楽しみを憎んでやる。(1)

一読したところ、こうした心づもりを語る台詞は、私たちのテーマとは無関係に思われるかもしれない。リチャードは、以下のような内容を述べているにすぎないとも見える。この無為の時代はもうたくさん、愉快に過ごした

いものだ。だが、醜男で色恋沙汰とは無縁なおれは、悪役を演じ、陰謀をくわだて、人殺しを働いてやろう。そのほか、面白そうなことには、なんでも手を出してやろう。こんな軽薄な理由づけは、その背後に真剣なものがひそんでいなければ、観客の心をまったく惹きつけないはずである。実際、そんなことなら、この劇は心理的に成立しないだろう。というのも作者が、私たち観客のあいだに、主人公にたいするひそやかな共感を呼び起こすすべを心得ていればこそ、私たちは内心で異議を唱えることもなく、主人公の大胆さや如才なさを賛嘆するのだ。そうした共感は、登場人物と私たち観客とのあいだに内的な共通性があると考えたり、感じたりする点においてのみ裏づけられるのである。

そういうわけで、リチャードの台詞はすべてを語るものではないと思われる。台詞はただほのめかしだけであって、当のほのめかしの実質を満たすことは、私たちに委ねられているのだ。じっさいその実質が満たされると、みかけの軽薄さは消え去り、リチャードが自分の醜貌を苦々しくことこまかに語るのももっともだと納得できるし、登場人物と私たち観客との共通性もはっきりみえてくる。この共通性が、悪役にたいする私たちの共感を、いやおうなくかき立てるのである。すなわち、自然は、人間の愛を得られる好ましい姿かたちをおれに与えてくれなかった。自然はおれに、手ひどい不当を働いたのだ。人生にはその償いをしてもらわねばならないし、それはおれがこれから取り立ててやる。おれは、特例であること、つまりほかの連中をわずらわせる懸念をすべて放擲する権利を要求する。おれは不正を行ってよい、なぜならおれは不正をこうむっているのだから——そういうことなら私たち自身、リチャードと同じように考えてもおかしくはない。いや私たちは、ささやかながら、すでにそう考えているのだ。リチャードは、私たちが自分のなかにも見いだすこうした一面を、極端に肥大させた存在なのである。私たちは、先天的な、幼児期以来の不利益があるならば、自然や運命を怨む理由にことかかないと考えるものだ。私たちのナルシシズム、つまり自己愛が早い時期にこうむった毀損を、すべて償ってもらいたいというわけである。なぜ自然は私たちに、バルデル神(2)のような金髪の巻き毛を、ジークフリート(3)のような剛勇さを、天才の秀でたひたいを、貴人の気高い顔立ちを与えてくれなかったのか。なぜ私たちは、王城ではなく、市民の部屋に生まれたのか。私たちもまた運がよければ、いまや妬ましく思わずにはおれない人びとと同じように、美しく高貴であったかもしれないのだ。

しかしながら、作者がその主人公に理由の秘密をことごとく声高に語らせはしないところに、その洗練された経済的な技芸がある。それによって作者は私たちに、〔語られなかった〕理由を補完することを余儀なくさせる。私たちの精神活動は刺激され、批判的な思考からは外れていく。私たちは主人公になりきってしまうのだ。これが拙劣な作者だと、伝えたい事柄をすみずみまで、あからさまに表現してしまうだろう。そうなると、私たちの冷静で、自在に活動する知性とぶつかりあうことになる。知性とは、錯覚の深まりを阻むものだからである。

さて、この「例外人」の説明を終えるにあたって、女性たちから出される特権の要求、また人生のさまざまな強制からの解放の要求もまた、この同じ根拠にもとづくということに、ぜひふれておきたい。精神分析の仕事から分かることだが、女性たちは自分を、幼児期に傷害をこうむったもの、罪なくしてなにがしかの掣肘を受け、見下されているものと考えている。そして、すくなからぬ娘たちが母親にたいしていだく憤激のいちばんの根には、母親が自分を男性ではなく女性として産んだことへの非難があるのだ。

II　成功ゆえに破滅する人間

精神分析の仕事をとおして私たちは、人間が神経症を病むのは不首尾ゆえである、という命題を得た。ここで言う不首尾とは、リビード的欲望の充足の不首尾である。とはいえ、この命題を理解するには、かなり長い回り道をしなければならない。なぜなら神経症の成立にはかならず、ある人間のリビート的欲望と、その存在のうち私たちが自我と呼んでいる部分との葛藤が随伴するからだ。この部分こそは、彼の自己保存欲動を表現しており、かつ彼の存在固有のさまざまな理想を包含している。そうした〔神経症の〕病因となる葛藤が生じるのは、ただリビードが、すでに自我によって克服排除され、したがってまた未来永劫にわたり禁止されている経路と目標へ向かおうとする場合のみである。自我にとっては正当な理想充足の可能性が、リビードには閉ざされたときはじめて、リビードはこうした振舞いに及ぶ。そういうわけで現実的な充足の欠乏、すなわち不首尾は、神経症成立の唯一の条件ではないものの、第一の条件となるのである。

それだけに医師としては、深い理由があって長期間いだかれていた欲望が成就したときに発病する人間を目の当たりにすると、震駭混乱させられる。そうした人びとは、あたかも幸福に耐えられないかのようにみえる。成功と発病のあいだに因果関係があることは、疑いえないからだ。かつて私がたまたま知りえたある女性の運命を例に、そうした悲劇的転回を説明してみよう。

彼女は、良家に生まれ立派な教育を受けたものの、うら若い娘時代に人生の快を御しがたく、ついに両親の家を飛び出して世間を放蕩して回った。だがやがて知り合ったある芸術家が、彼女の女性としての魅力を認め、周囲から疎んじられてきた彼女の美質をも見抜いてくれた。この芸術家は彼女を家に迎え入れ、忠実な人生の伴侶として遇したのである。彼女の満ち足りた幸福に一点の曇りがあるとすれば、それは〔結婚という〕市民としての名誉回復だけと思われた。芸術家は、何年も同居生活を送るうち、家族と彼女を親しく交わらせ、さてあとは正式に結婚すればよい、という段となった。ところがこの瞬間に、彼女は不首尾を起こしたのである。晴れてその女主人になるべき家を顧みず、彼女を迎え入れようと言ってくれた親族に迫害されていると思い込み、取るに足りない嫉妬にかられて夫との交渉を拒んだ。さらに彼の芸術創作の仕事を妨害し、まもなく治癒不能の心の病気に陥ってしまった。

もうひとつ別の、たいへん声望の高い男性の例をあげよう。大学教師であったこの人物は、自分を研究の世界に導いてくれた恩師の後継者たろうという、当然至極の願望を、長年にわたっていだいていた。だが恩師が引退し、同僚たちから、君こそが後任に最もふさわしい研究者に選ばれたと言われたとたん、尻込みしはじめ、自分の業績を矮小化し、就任を求められている地位を全うするに値しない、と言い張った。やがてメランコリーに陥った彼は、つづく数年のあいだ、いっさい研究が手につかなかった。

このふたつの事例は、さまざまな点で違いがあるものの、願望が達成されることによって発病し、それを享受することができなくなる、という点では共通している。

このような知見と、人間は不首尾ゆえに神経症を病むという命題とのあいだの矛盾は、解きえないものではない。外的な不首尾と内的な不首尾とを区別すれば、矛盾は解消される。外的な不首尾とは、リビードがその充足を見いだしうる対象が、現実には存在しなくなることを言う。こうした不首尾は、そこに内的な不首尾が加わらないかぎり、それじたいで影響を発揮するものではなく、まだ病因たりえない。内的な不首尾とは自我に発するもので、リビードがこれから制圧しようとしているさまざまの〔自我以外の〕対象をめぐって、リビードと争わざるをえない。そのさい葛藤が発生し、また神経症発病、すなわち抑圧を受けた無意識の迂回路を経た代替充足の可能性も生まれる。したがって内的な不首尾は、あらゆる場合に想定されはするものの、じっさいに発動するのは、外的な現実の不首尾が内的な不首尾の生じる状況を準備したのちである。だが成功の瞬間に発病するという例外的事例では、内的な不首尾はそれじたい単独で作用していた。つまりそれは、外的な不首尾が欲望充足に場所を譲ったのちにはじめて発現したのだった。こうした点には、一見したところ、釈然としないものがあるかもしれない。しかしよく考えてみれば、自我がある欲望を無害なものとして容認することは、けっして異常ではない。ただしそれは、そうした欲望が空想《ファンタジー》として存在し、達成からはほど遠いようにみえるかぎりのことである。欲望が達成に近づき、現実のものになろうとすると、自我はただちに身を守ろうとして、欲望と鋭く対立する。よく知られている神経症形成の状況との違いはひとえに、通例ではリビード備給の内的な亢進が、それまでは過小評価され、また看過されてきた空想《ファンタジー》を強敵とみなすようになるのにたいし、いまの場合は現実の外的変化が葛藤の始まりの合図となる点にある。

精神分析を行えばすぐに分かることだが、ある人物が現実の好転に恵まれたとき、長らく待ち望んできた利得を当人が手にすることを禁じるのは、良心の力である。とはいえ、その思いがけない存在が私たちを仰天させる、裁きや罰をくだすこうした性向の本質と起源を明らかにするのは困難な課題だ。この性向について知られていることや推測できることを、医師としての観察から得た症例ではなく、文豪たちがその豊富な人間探究にもとづいて創造した人物像を手がかりに吟味することには、周知のとおり、それなりの意味があるだろう。

シェイクスピアのマクベス夫人は、成功を得るために一心不乱のエネルギーを注ぎ、その目標が達成されるとたちどころに破滅する人物である。はじめのうち彼女には、動揺もなければ、内心のせめぎ合いもない。あるのはただ、野心家ながら気の弱い夫の懸念を晴らす努力だけである。彼女は殺人計画のために、自分の女性らしさを犠牲にし、それにどれほど決定的な役割が割り振られることになるかは斟酌しない。そのさい肝に銘じるべきとされるのは、犯行によって達成される彼女の野心の目標をぐらつかせないことだ。

（第一幕、第五場）

「さあ、
死をたくらむ思いにつきそう悪魔たち、この私を
女でなくして[4]おくれ。
……
この女の乳房に入りこみ、
甘い乳を苦い胆汁に変えておくれ、人殺しの
手先たち」。

（第一幕、第七場）

「私は赤ん坊を育てたことがあります、

自分の乳房を吸う赤ん坊がどんなにかわいいか
知っています。でも私にほほえみかける赤ん坊の
やわらかい歯茎から私の乳首をもぎ離し、その脳味噌を
たたき出してみせましょう、さっきのあなたのように
いったんやると誓ったならば」。

犯行の直前、ただ一度だけ、かすかな反対追求の動きが、彼女をとらえる。

(第二幕、第二場)
「あの寝顔が私の父に似てなければ
私がこの手でやったのに」。

ところが、ダンカン殺害によって王妃となった彼女に、ふと幻滅めいたもの、嫌気めいたものがきざす。

(第三幕、第二場)
「望みはとげても、
なんの意味もないわ、心に不安の棘があれば。

殺されるもののほうがまだしも気楽だわ、
殺して手に入れた喜びに疑惑があれば」。

しかし彼女はもちこたえる。この台詞に続く宴席の場面では、彼女だけが冷静さを失わず、錯乱する夫をかばいたて、たくみに言い繕って客たちを去らせる。そのあと彼女は観客のまえからすがたを消す。ふたたび現れたとき（第五幕、第一場）、彼女はあの殺害の夜の印象に固着した夢遊病者になっている。だが、夫の勇を鼓そうとするところは、以前とかわらない。

「なんです、あなた、なんですか！　軍人だというのに、恐れたりして！　だれが知ろうと恐れることがありまして？　私たちの権力をとがめるものがありまして？」

彼女には、門を叩く音が聞こえる。それは、殺害行為のあとで夫を震撼させた音である。それを耳にしながら、彼女は「もはや起きなかったことにすることができない行為を、起きなかったことにする」べく努める。血に汚れ、血の匂いのとれない両手を洗う彼女は、しかしそんな努力が無益であることを意識している。悔悟とはまったく無縁とみえた彼女が、悔悟に打ちのめされてしまったようにみえる。彼女が絶命したとき、はじめのうち彼女がみせていたのと同じ酷薄さをいつのまにか示すにいたったマクベスは、簡潔な別れのことばを口にするにすぎない。

（第五幕、第五場）

「あれもいつかは死なねばならなかった、
このような知らせを一度は聞くだろうと思っていた」。

さてここで疑問となるのは、これ以上ないほど堅い金属から鋳造されているように思われたこの性格を打ち砕いたものは何かということだ。それは、行為が成し遂げられたときに現れる別の顔、すなわち幻滅だけなのだろうか(5)。あるいは、マクベス夫人のなかにも、もともとは優しい、女性ならではのたおやかな心の生活があったが、それが高められて濃縮状態や切迫状態に達し、もうこれ以上はもたないというところに至ったと考えるべきなのだろうか。それとも、もっと深遠な理由づけにより、この破滅を人間的に分かりやすくする徴候を探究したものだろうか。

ここで、なんらかの結論に達することはできない。シェイクスピアの『マクベス』は、それまでスコットランド王だったジェームズの〔イングランド王としての〕即位にあわせて書かれた作品である。素材はもとからあったもので、また他の劇作家たちがすでに取り上げていた。シェイクスピアは、例のごとくそれらの作品を利用したふしがある。彼が当時の状況を暗示的に表現している点は、留意しておかねばならない。「処女王」エリザベスには、子供が産めないのではないか、という噂が流れていた。また彼女は、かつてジェームズ誕生の知らせを聞き、わが身を「涸れた幹」とうめき罵ったことがあった[*1]。そのエリザベスは、まさに子供がいないために、スコットランド王を後継者とせざるをえなかったのである。だが当のスコットランド王というのは、彼女がしぶしぶ処刑を命じた〔スコットランド女王〕メアリーの息子だった。メアリーは、政治への顧慮から関係悪化はやむをえなかったとはいえ、エリザベスにとって血縁者であり、賓客と呼ばれるべき人物だったのである。

ジェームズ一世の即位は、不妊の呪いと王位継承の祝いとが同時に実現したようなものだった。そしてシェイクスピアの『マクベス』は、まさしくこの〔呪いと祝いの〕対立のうえに展開する。三人の魔女はマクベスに向かって、おまえは王になるだろうと予言するが、バンクォーに向かっては、おまえの子供たちが王位を継ぐことになると言う。マクベスはこの運命の告知に歯向かい、自分の野心の成就だけでは満足せず、王朝の始祖たろうとする。そして、他人に優位を得させないように、殺害を敢行したのである。シェイクスピアのこの作品のなかに、野心の悲劇だけをみようとすると、この点が見過ごされてしまうことになる。マクベス自身、不死というわけにはいかない以上、予言のなかの不愉快な部分を無効にする方法はたったひとつ、すなわち世継ぎとなる子供を得ることである。じっさい彼は、猛女たる妻が子供を産んでくれることを期待しているようだ。

「男の子だけ生むがいい、

（第一幕、第七場）

＊1　『マクベス』（第三幕、第一場）

「おれの頭上には実を結ばぬ王冠を押しつけ、
おれの手には不毛の王笏を握らせておいて、
それを血のつながらぬものの手にもぎとらせ、
おれの子供にあとを継がせぬ気か」。

恐れを知らぬその気性からは、とうてい男しか
生まれまい」。……

そしてまた同じく明白なのは、この期待が落胆に終わるとき、彼は運命に屈するか、さもなければその行為が目標を見失い、滅亡を必定とみて手当たりしだいの破壊に向かう盲目的暴走と化するかのどちらかである。マクベスが後者の道を突き進んでいくことは、周知のとおりだ。やがて悲劇が頂点に達したとき、私たちはすでにさまざまに解釈されてきた、かの衝撃的なマクダフの台詞に遭遇する。この台詞こそは、マクベスの変容を解く鍵を秘めていると思われる。

「やつには子供がいないのだ」。

（第四幕、第三場）

なるほどこの台詞が言わんとするのは、彼〔マクベス〕が私〔マクダフ〕の子供を殺害したのは、たんに自分に子供がいないからだ、ということである。だが、それ以上のことが含意されているとも考えられる。この台詞はとりわけ、マクベスそのひとを、その元来の性質をはるかに超えて浮き上がらせるとともに、彼の妻の酷薄な性格のたったひとつの弱みにふれる、最も深い動因を露呈しているのではないか。マクダフのこの言葉が示す〔悲劇の〕絶頂から俯瞰するとき、この劇は全体が父と子の関係によって貫かれているとみることができる。善良なダンカンの殺害は、

父親殺しに等しい。バンクォー父子の場合、父親はマクベスに殺されたものの、息子のほうは難を逃れる。マクダフ父子の場合、父親が逃走したので、子供が殺される。三人の魔女は招霊の場面でマクベスに、血まみれの子供と王冠をかぶった子供の幻影を見せる。それより前に出現した兜をかぶった首は、マクベス本人だろう。その背後では、復讐鬼となったマクダフの黒々とした影が立ち上がる。マクダフ自身は、母親からふつうに生まれたのではなく、帝王切開でとりだされたがゆえに、生殖の法則から外れた存在である。

ところで、マクベスが世継ぎに恵まれず、また彼の妻が子供を産めないことが、彼らふたりが生殖の神聖さを汚したことにたいする罰だったとしたら、またマクベスが子供たちから父親を、父親から子供たちを奪ったがゆえに、自分は父親になることができないのだとしたら、さらにまた、殺戮の悪霊どもを呼び出して女であることを止めようとしたマクベス夫人が、そのとおり女でなくなったとしたら、それは同害報復にもとづく詩的正義に完全に沿っていることになるかもしれない。そうだとすれば、夫人の発病やその邪心の悔悟への変容は、子供が産めないことにたいする反動とみてよいと思う。彼女は子供ができないがゆえに、自然の掟をまえにして自分の無力を痛感すると同時に、犯罪によって得られた利益の大部分が失われるのも自業自得だと思い知らされる。

マクベス夫人について、シェイクスピアが『マクベス』の素材を得たホリンシェッドの年代記[6]（一五七七年）では、王妃になるために夫をそそのかして殺人に走らせた野心的な女性という記述が一個所あるだけだ。彼女のその後の運命やその性格の変化にかんする言及は、まったくない。これにたいして、マクベス本人の暴君への性格変化には、私たちがすでに見てきたのと同様の理由づけが、年代記においてもなされているように思われる。ホリンシェッドでは、マクベスがダンカンを殺害し王となってから、つぎの悪行におよぶまでに十年の時間があり、そのあいだ彼は厳正な君王だったとされている。十年たってようやく彼に変化が訪れる。自分の運命についての予言と同じく、バンクォーに与えられた予言もまた成就するのかもしれないという恐れが、彼を苦しめるのである。ここにいたって、彼はバンクォーを殺害させる。そしてシェイクスピアが描いているように、つぎつぎに悪行を重ねていく。ホリンシェッドは、彼がこうした道を突き進んだのは子供に恵まれなかったためだ、とも明言していない。しかし、この理由づけをもっともなものにするだけの時間と余裕がある。だがシェイクスピアはちがう。劇中の出来事は、息つく間もないほど慌ただしく進展し、作中人物たちは一週間ほどの時間のうちに現れ、また消えていく。[*2] こうした速いテンポのために、マクベスおよびマクベス夫人の性格急変の動因について私たちがさまざまに行う構築はすべて、確固たる地盤を得ることがない。子供が欲しいという希望がいつまでも叶えられないがゆえに、女は気落ちし、男は物狂おしい反抗に駆られるというのは、十分ありそうなことだが、それには時間の経過がなければならない。つまり、作品内で織りなされるさまざまな精妙な連関、また作品および作品執筆のきっかけとのあいだに張りめぐらされた精妙な連関が、子供がないという動因においてすべて合流しようとする一方、悲劇の時間経済は、最も内的な動因以外の動因による登場人物の性格発展を峻拒しているのだ。ここには抜きがたい矛盾が存在している。

とはいえ、このような短期間のうちに臆病な野心家を無軌道な暴君に、酷薄な策動家を悔恨におののく病者にかえてしまう、その動因はいったいどのようなものか、私には見当もつかない。テクストの残存状態が悪いうえ、作者の意図が分からず、また隠された意味をもつ伝承を下敷きにしているこの作品には、ヴェールが三重にかかっているわけだ。正直なところ、その厚みを見通すことは諦めざるをえない。しかしまた、この悲劇が観客に与える絶大な影響を見ればそんな詮索は無益だ、などという主張を認めることはできない。なるほど作者は、劇の上演中はその芸術によって私たちを圧倒し、私たちの思考を麻痺させることもできるだろう。しかし幕が下りたあと、私たちがその〔作品の〕影響力を心理的機制から把握しようとするのを、妨げることはできない。他方、誰の眼にも本当らしくみえることを犠牲にしても劇的効果を高めたいとき、舞台で演じられる出来事の自然な時間進行を好きなように短縮するのは作者の自由だ、という意見もあるが、これもいまの場合は当を得ていないと思う。というのも、そうした犠牲がよしとされるのは、たんに本当らしさが覆される場合だけで、[*3] 因果連関が失われる場合はそれに当たらない。時間進行を数日間と明示するのではなく、曖昧にしておいたとしても、劇的効果はなんら損なわれることはなかっただろう。

マクベス問題のような問題を解けずじまいにしておくのは、たいへん心残りである。そこで私としてはあえて、解明の新しい道を示している主張をひとつ付け足しておこう。ルートヴィヒ・イェーケルスは最近、そのシェイクスピア論[(7)]のなかで、この作家の技巧の一斑を明らかにできたとしているが、それはマクベスを考えるさいにも参考になるだろう。彼によれば、シェイクスピアはひとつの性格をふたりの登場人物に分有させることが多いので、双方をふたたび合体させてひとつにしないかぎり、各人物を理解しきれない。こうしたことは、マクベスとその夫人についても当てはまるかもしれない。そうだとすると当然、彼女を独立した人物ととらえ、その変化の理由をさぐろうとしたところで、彼女と補完関係にあるマクベスを顧慮しないかぎり、なんら得るところはないことになる。

＊2　〔J・〕ダルムシュタッター編『マクベス』パリ、一八八一年、七五頁。

＊3　リチャード三世が、王を殺害した柩のそばでアンに求婚するときのように〔第一幕、第二場〕。

この方向にこれ以上深入りするつもりはないが、ひとこと言わせてもらうと、奇妙にもこの主張を裏づけているのは、殺害の夜にマクベスをおそった不安の芽がじっさいに生い育っていくのは、マクベス本人においてではなくマクベス夫人においてだという点である。[*4] 犯行直前に短剣の幻覚をみたのはたしかにマクベスだが、あとになって精神を病むのは夫人のほうだ。兇行ののち、邸内で呼ばわる声が彼の耳に聞こえてくる。もう眠りはない、マクベスは眠りを殺した、マクベスにはもう眠りはない。(8) だが王位についたマクベスが二度と眠れなかったとは、寡聞にして知らない。それにひきかえ王妃は、夜中に起き上がり夢遊病者としてさまようことで、罪を犯したことを露呈してしまう。両手を血まみれにして立ち尽くし、いくら海神の大波をもってしてもこの手を洗い浄めることはできないと嘆くマクベス。これにたいし、犯行を洗い落とすにはわずかな水で十分と励ます夫人は、しかし、のちには四半時も手を洗いつづけ、しかも血痕を拭いとることができない。「アラビアじゅうの香料をふりかけてもこの小さな手のいやな臭いは消えはしまい」(第五幕、第一場)。かくて、マクベスが良心の疼きのうちに恐怖していた内容が、マクベス夫人において成就することになる。犯行ののち、彼女は後悔するが、彼は驕慢となる。つまり両者はともに、同じ犯罪にたいする反動のふたつの可能性を突きつめてみせるのだ、それは、まるでひとつの心的個性のうちにありながら一致しないふたつの部分、あるいはひとつの原型をもとにしたふたつの複製とでも言えようか。

マクベス夫人という人物にかんして私たちは、なぜ成功を収めたあとに病者となって破滅していくのかという疑問を解いたことにはなっていないかもしれない。そこで、心理学的弁明という課題を仮借ない厳密さで追究するのを好んだ、もうひとりの偉大な劇作家(9)の作品にあたってみると、よりよい見通しが与えられるように思われる。

助産婦の娘として生まれたレベッカ・ガンヴィクは、養父ヴェスト博士から自由思想を吹き込まれ、信仰にもとづく倫理観が人生のさまざまな欲望に課しがちな拘束を軽蔑する人間へと成長した。彼女は、博士の死後、ロスメルスホルムに寄寓させてもらっている。そこはある旧家代々の居館なのだが、一族は笑いとは無縁の、喜びを犠牲にしてかたくなに義務を履行する人びとだった。ロスメルスホルムには、牧師ヨハネス・ロスメルとその病弱で子供のない妻ベアーテが住んでいる。レベッカは、この高貴な男の愛を求める「激しい、手のつけられない欲情」にとらえられ、邪魔な女を排除しようと決意し、「大胆な、生まれながらの自由な」、なにものにも動じない意志を行使するのである。彼女はベアーテに一冊の医学書を読ませるが、そこでは子供をつくることこそが結婚の目的であると断言されていた。哀れな女は、自分が妻に相応しいかどうか悩む。またレベッカに吹き込まれた彼女は、レベッカと同じ本を読み思想信条を分かち合うようになったロスメルが、いまや古い信仰を捨てて、開明派に与しようとしていると思う。さらにレベッカは、夫の身持ちの堅さを信じて疑わない妻の気持ちをぐらつかせたうえで、自分がすぐにこの屋敷を出れば、ロスメルとの禁じられた関係の成り行きを隠したままにできる、と説き伏せる。この奸計は功を奏した。傍目にもふさぎこみ、判断能力を失ったとみられるようになった哀れな妻は、自分は無価値な存在だと思い込み、また愛する夫の幸福の妨げになるまいと考えて、水車小屋の橋から身を投げてしまう。

さてレベッカとロスメルは年来、ロスメルスホルムでふたりきりの生活を送っているわけだが、それは彼に言わせれば、純粋に精神的で理想的な友愛関係だ。だがまわりの風評がこの関係に影を落とし、また時を同じくして、妻が死を選んだのはなぜかという疑惑に襲われたロスメルは、心ひそかに悩むようになる。そこで彼はレベッカに、

＊4　ダルムシュタッターの前掲個所を参照。

自分の後妻になってほしい、そうすれば悲しい過去にかえて新しい活動的な現実を打ち立てることができる、と持ちかける(第二幕)。この申し出を聞いた瞬間、彼女は喜びに身を震わせるが、つぎの瞬間にはそれは無理だと答える。それ以上おっしゃるなら、自分も「ベアーテが歩んだ道を歩む」つもりだというのである。ロスメルは、納得のいかないまま、この拒絶を受け入れる。だが、彼にもまして納得がいかないのは、私たちのほうだ。私たちにはレベッカの行動と意図が、よりはっきりみえているからである。ただ、彼女の否という答えが本心からのものであることは、疑いようがない。

大胆な、生まれながらに自由な意志をもつ冒険家であり、欲望実現のため、なに憚ることなく前進するこの女性が、いざ成功の果実を摘むべき段となって、手を伸ばそうとしないとは、いったいどうしたことか。彼女は第四幕で、つぎのように語っている。「恐ろしいことだわ、望める限りの人生の幸福が、いま、あたしに与えられようとしているのに、――そういうときに、あたしの過去が道を塞いでいるのがあたしに分かるなんて」。つまり彼女は、いつのまにか別の女になってしまったのだ。良心が目覚め、彼女は罪の意識をおぼえる。それが、彼女に楽しみを禁じてしまうのである。

では、彼女の良心が目覚めたのはなぜか。まずは本人の言葉に耳を傾けたうえで、それをすべて信じてよいかどうか検討しよう。「それはね、ロスメル家の人生観、――とはいかなくても、とにかく、あなたの人生観よ、――それがね、あたしの意志に感染したの。〔……〕そして、それを蝕んだのよ。それを奴隷にしたのよ、それまであたしが気にしたこともなかった掟の。あなたが、――あなたと一緒に暮らしたことが、――あたしの心を気高くして」。

こうした影響は、彼女がロスメルとふたりだけで暮らせるようになったとき、はじめて現れてきた点も、あわせて考えなければならない。「――静かに、――ひっそりと、――あなたが思っていることを、何でもあけすけに話して下さるものだから、――やさしくって、デリケートなお気持ちも、あなたが感じたそのままに、みんなね、――それであたしに、大きな変化が起きたのよ」。

直前の個所で彼女は、こうした変化の別の側面を訴えていた。「ロスメルスホルムが、あたしの力を抜き去ってしまったからよ。恐れを知らぬ昔の意志が、ここで萎えてしまったのよ。そして駄目になったからよ！　どんなことにも尻込みはしなかったのに、それももう過去の夢になってしまった。行動力がなくなったのよ、ロスメル」。

レベッカがこのように説明するのは、ロスメルと、彼女によってなきものにされた女〔ベアーテ〕の兄にあたる校長クロルに、自分が罪を犯したことを打ち明けたあとである。イプセンが達意の、精妙で無駄のない筆致でくっきり描き出しているのは、レベッカは嘘はついていないが、率直そのものとも言えないところだ。彼女が、いかなる偏見にも囚われていないと言いながら、年齢をいつわって一歳若く語ったのをみると、ふたりの男性にたいする彼女の告白はじっさい不十分で、クロルに迫られて、本質的な部分がいくつか言い添えられる。私たちもまた、〔結婚の〕断念をめぐる彼女の説明はひとえに、ある事柄にふれずにおくために、別の事柄を犠牲にするものとみることができよう。

なるほど、ロスメルスホルムの空気、高貴な男性ロスメルとの交友が彼女の心を気高いものにし、――また萎えさせもする働きをしたという言葉を虚偽だとする理由はない。こうした言葉で彼女は、自分の分かるまま、感じるままを語っている。しかしそれが、彼女のすでに心中で起こったことのすべてである必要はなかった。また当然ながら彼女が、すべてにわたり釈明できたわけでもない。じっさいロスメルの影響というのは、うわべの装いのひとつにすぎない可能性が高く、その裏には別の働きが隠れている。こうした別の方向の存在を明らかにしてくれる一節に注目してみよう。

レベッカの告白ののち、幕切れ近くの最後の語らいの場面で、ロスメルはふたたび彼女に、妻になってくれと懇願する。彼は、彼女が自分への愛ゆえに罪を犯したことを赦す。ここでレベッカは、いかなる赦しも、哀れなベアーテを奸策に陥れたため覚えるにいたった罪の自覚を拭い消すことはできないと答えるべきだろう。しかし彼女はそうは答えない。それどころか、私たちには自由思想家にあるまじきものと思われ、また彼女によって与えられるロスメルの位置づけにも似つかわしくない、別の非難をわが身に向ける。「いやよ、──その話は、二度ともうおっしゃらないで！　それはできない相談よ──！　だって、あなたもお分かりになるはずだけど、ロスメル、あたしにはある──過去があるのよ」。むろん彼女がほのめかそうとしているのは、以前にほかの男と性的関係にあったということである。私たちが注目したいのは、いまの彼女にとっては、自由で、誰にたいしても責任を負っていなかった時代に持ったそうした関係が、ベアーテにたいする現実の犯罪的な振舞いにもまして、ロスメルとの結合を強く阻むものと思われている点だ。

ロスメルは、こうした過去を耳にするのを拒む。だが、私たちには推測が可能だ。それを示唆するものは作中ではすべて、いわば地下に潜んでいて、ほのめかしから推定していくほかない。ほのめかしとはいえ、もちろん誤解の余地のないよう、たいへん技巧的に織り込まれている。

レベッカの最初の拒絶とその告白とのあいだに、彼女のこのあとの運命にとって決定的な意味をもつ出来事が起こる。校長クロルが訪ねてきて、彼女が私生児であること、ほかならぬヴェスト博士の娘であること、博士は母親の死後に彼女を養子にしたことを自分は知っていると告げ、彼女を侮辱しようとする。憎悪が彼の勘を研ぎすましたわけだが、だからといって彼は、これまで知られていなかったことを話しているつもりではない。「よくご存知と思いましたがね。そうでなければ、妙なことになりますからな。あんたがヴェスト博士の養女になられたことが。――」。「それで博士が、あんたを手許に引き取った。――お母さんが亡くなられるとすぐにね。博士は、あんたにひどく冷たかった。それでもあんたは、博士と一緒にいた。びた一文、残してくれる気遣いのないことを知っててね。もらったのは本箱ひとつだ。それでもあんたは、ずうっといた、一緒にね。我慢していた。博士が死ぬまで世話をしたんだからね。――」。「あんたがああまで博士に尽くされたのは、娘としての本能がそうさせたんだ、とわたしは解釈するんだがね。実際また、あんたのおやりになることは、みんなあんたの育ちから出とる、とわたしは睨んどるんだ」。

だがクロルは誤解していた。レベッカは、自分がヴェスト博士の実の娘だなどとは、思ってもいなかったのだ。クロルが遠回しに、彼女の過去をあてこすりはじめたとき、彼女は彼がなにか別のことを言おうとしていると受け取らざるをえなかった。彼女は、彼の狙いが何であるかを知ると、なおしばらく平静を保っている。それは、仇敵クロルが前回の訪問のおりに彼女が偽って答えた年齢をもとに指折り勘定したものと、見当をつけたからだろう。ところがクロルは勝ち誇って、彼女の反論を押し返す。「それならそれでいいんですがね。でも、わたしの計算じゃ、やはり、そうはいかんようですね。というのもヴェスト博士は、ほんのしばらくあそこに滞在してたんでね、赴任してくる前の年に」。この新しい事実が告げられるや、彼女はひどくうろたえる。「嘘ですわ」――彼女は歩き回り、両手を握りしめる。「そんなことあるもんですか。いい加減なことを言っておだましになるんだわ。絶対に嘘よ、それは。嘘に決まってるわ！　絶対に――！」彼女の激昂ぶりがすさまじいので、クロルは話の腰を折られたままとなる。

クロル　でも、ヴェストさん、――何だってまたそんなふうに取るんです？　びっくりするじゃありませんか！　どう考えていいんですか――！

レベッカ　どうもこうもありませんわ。何もお考えになることはないんですの。

クロル　じゃひとつ、おっしゃってもらうんですな、どうしてこの問題、――この可能性を、そう気になさるのかね。

レベッカ　(気を取り直し)そりゃごく簡単なことですのよ、校長先生。あたし、私生児と見られたくはないんですの。

レベッカの振舞いが秘めている謎の答えは、ひとつしかない。ヴェスト博士が彼女の実の父親かもしれないという見方は、およそ彼女に降りかかりうる打撃のなかで、最も深刻なものだった。なぜなら、じっさい彼女はその男の養女であるだけでなく、愛人でもあったからである。クロルの話がはじまったとき、彼女は後者の関係があてこすられているのだと考えた。それは、彼女得意の自由思想をもちだせば、打ち明けてしまえたかもしれない。だが校長は、そんなことは思ってもいなかった。彼はヴェスト博士と彼女の愛人関係についてはなにも知らなかったが、同じく彼女のほうも、ヴェストが父親だとは知らなかったのである。まさにこの愛人関係が念頭にあったからこそ、彼女はロスメルに最終的な拒絶を告げたとき、自分には過去があるのであなたの妻になるには相応しくない、と言い張ったのだ。おそらく彼女は、ロスメルから望まれたならば、自分の秘密を半分だけ打ち明け、残りのより深刻な半分は伏せたままにしておいたことだろう。

だが、いまや私たちに明らかとなったのは、彼女にとってはこうした過去が、結婚のいっそう重大な妨げと感じられていたことである。それはつまり、いっそう重大な――犯罪だったのだ。

彼女は、自分が実の父親の愛人だったと聞かされるや否や、いまや圧倒的な力で迫ってくる罪責の念にうちひしがれる。彼女はロスメルとクロルにむかって告白し、わが身に殺人者の烙印を押す。犯罪をおかして手に入れようとした幸福はすっぱり諦め、旅立つべく身支度を整える。とはいえ、成功を収めたことがきっかけで彼女を挫けさせる罪の意識の、もともとの動因は依然よく分からない。すでに見てきたとおり、それはロスメルスホルムの雰囲気やロスメルの道徳的感化とは、まったく別物なのである。

こう言うと、これまで読みすすんできた読者は、すかさず異見を挟むだろう。いろいろと疑問点が出てくるのも当然である。レベッカがロスメルに最初の拒絶を告げるのは、クロルの二度目の来訪のまえ、つまり彼女が私生児だということをクロルが暴露するよりまえのことだ。それは、私たちの作家理解が正しいなら、彼女が自分の近親相姦をまだ知らない時点である。にもかかわらず彼女の拒絶は断固たるものであり、また真剣に考え抜かれたものだった。ということは、犯行によって得た利得をすべて放棄すべしと彼女に命じる罪の意識は、彼女が〔近親相姦という〕重罪を自覚するより以前から動いているわけである。以上をおおむね認めるなら、近親相姦をもって罪の意識の原因とする見方は、そもそも撤回されるべきではないのか。

ここまで私たちは、レベッカを実在する人物であるかのように論じてきた。つまり作家イプセンの、批判的知性によって導かれる空想《ファンタジー》の所産とはみてこなかった。私たちはこうした立場を堅持したままでも、さきの異見を斥けることができると思う。異見はよい点を衝いている。じっさい良心の片鱗は、近親相姦について知る以前にもレベッカのうちに目覚めていた。そうした〔内心の〕変化が、レベッカ本人が認め、かつ訴える影響力のなせるわざだと考えることは、なんら問題ない。しかし、だからといって私たちは、第二の動因が存在していることを認めないわけにはいかない。校長の話を聞いたレベッカの振舞い、またその直後の、告白をとおして現れる反動をみれば、疑いなくこの時点に至ってようやく、はるかに強力で決定的な断念の動因が作用しはじめたのだ。これこそ、表面的な動因の背後に、より深い動因が出現するという、動因の重層化の事例にほかならない。それがこのようなかたちで作品化されたのは、詩的経済性の命じるところによる。なぜなら、より深い動因は声高に論議されるべきものではなかったからだ。それは、隠されたままにしておくべきもの、つまり観客や読者の快適な感覚からは遠ざけておくべきものである。さもないと観客や読者のうちに、きまりの悪いことこのうえない感情にもとづく、重大な抵抗が生じたことだろう。それは、この作品から受ける感動を疑わしいものにしかねないのである。

私たちが、おもてに現れてくる動因は、それによって隠されている動因と内的関連がないどころか、むしろ後者に発し、それを希釈したものだということを立証したいと考えるのは当然だろう。さらに、作者が無意識の前提から、自身の意識的な詩的連想を整然と導き出したとすれば、作者本人がそうした要請を成就させたものとみてもよさそうだ。レベッカの罪の意識は近親相姦への自責の念から発していたのであり、それを校長が精神分析家さながらの鋭さで彼女に意識させるのは、あとになってからである。作者がほのめかしている彼女の過去を、推測や補足をくわえながら再構築してみるに、彼女は母親とヴェスト博士の親密な関係に気づいていなかったわけではないと思われる。彼女はこの男のもとで、母がはたしてきた立場を引き継いだとき、強烈な印象をうけたにちがいない。つまり彼女は、エディプスコンプレクスの支配に服したのである。とはいえ彼女は、この普遍的な空想《ファンタジー》が自分においてすでに現実化していることには、気づいていなかった。彼女はロスメルスホルムに現れると、最初の体験の内的な力に駆り立てられて、はじめ何もせずとも実現したのと同じ状況を果敢な行動によって再現しようとする。すなわち、妻にして母親である女性を押しのけて、夫にして父親である男性のもとで自分の地位を得ようとするのである。自分が心ならずも、一歩また一歩とベアーテを追い落とさずにはおれなかったことを、彼女はまざまざと語ってみせる。

「じゃ、あなた方は、あたしが冷静に、ゆうゆうと事を運んだように思ってらっしゃるんですの！　あのころのあたしは、いまここで、こうしてお話ししているようなあたしじゃなかったのよ。それにまた、人間には二種類の意志があるんじゃないんですか！　あたし、ベアーテさんを除きたいと思ったわ。何としてでも。でも、そんなことが起こるなんて、つゆさら、思ったことはないんですのよ。誘惑にかられて、つい、ふらふらと前のほうへ出るたびに、何者かが心の中でこう叫んでいるような気がしたわ、――もう、よせ！　もう一歩も出るんじゃない！――それでも、よしはしなかった。ついつい引かれて、ほんの少し。それこそ、ほんのちょっぴりだけ。それから少し――また少し、ついずるずると。――そうして、とうとう起こったのよ。――こんな具合に起こるんですわ、ああいうことって」。

これは粉飾ではなく、真実の報告である。ロスメルスホルムで彼女の身に起こったこと、つまりロスメルへの恋《れん》着《ちゃく》とその妻への敵意は、すでにことごとくエディプスコンプレクスの結果だった。すなわち、母親ならびにヴェスト博士にたいする関係が強制的に模造されたものであったのだ。

したがって、彼女がはじめロスメルの求婚を拒絶するに至った罪責感は、つまるところ、クロルから話を聞いた彼女を告白へと至らしめた、より大きな罪責感と別のものではない。だが、かつてヴェスト博士に感化されて、宗教道徳を軽蔑する自由思想家になった彼女は、同様にいまはロスメルへの愛に目覚めて、良心をそなえた高貴な人間にかわった。本人も、自分の内面の変化についてそれなりに自覚があった。それゆえ彼女が、自分に変化をもたらした心当たりの動因として、ロスメルの影響をあげたことは、当然至極と言えよう。

精神分析を手がけてきた医師なら承知していることだが、召使や付人や養育係としてしかるべき家に入っている娘はしばしば、あるいは例外なく、一家の女主人がなんらかのかたちでいなくなり、男主人が自分を後妻として迎えてくれるという白昼夢を、意識的にせよ無意識的にせよ紡いでいる。こうした内容は、エディプスコンプレクスに発するものである。『ロスメルスホルム』は、娘たちが抱く、こうしたありふれた空想《ファンタジー》を扱うジャンルの最高傑作なのだ。この作品が悲劇的なのは、主人公をとらえる白昼夢にぴたりと対応する事実が、彼女の生活歴のうちに先行的に存在しているがゆえである。[*5]

長々と文学作品を論じてきたが、ここでふたたび、医師としての経験に立ち戻ろう。といっても、両者の完全な一致を簡潔に確認するだけである。すなわち、精神分析の作業から明らかになるのは、通常のように不首尾をきっかけに発病させるというのではなく、成功をきっかけに発病させる良心の力は、エディプスコンプレクス、つまり父および母との関係と密接に結びついているということだ。そもそも私たちが抱く罪の意識とは、そうした結びつきを有すると思われる(10)。

III　罪の意識ゆえに罪をおかす人間

のちにたいへん立派になった人びとの青年期、とりわけ思春期以前の時期についての報告を読むと、その時分に働いたさまざまな許されざる悪行、たとえば窃盗や詐欺、それどころか放火について述べられているのを、よく目にする。これらの報告についてこれまで私は、そうした人生段階では道徳的抑制力が弱いことが知られていると言えば、それでことは片付くとしてきた。そこに、より意味深い関連をみようとしたことはなかったのである。だが、患者たちを治療するうち、若い時代をすでに通り過ぎてしまった人たちであるのに、先に挙げたような所行に走るという、顕著かつ好都合な事例にいくつも行き当たり、とうとうそれらを徹底的に研究することになった。そこで分析作業を行ってみると、驚くべき結果が出た。すなわち、そうした悪行が行われるに至るのは、それが禁止されていたからであり、また本人にとって、その実行は心の負担軽減と結びついていたからであったのだ。本人は、ど

＊5　『ロスメルスホルム』に近親相姦の主題が存在することは、O・ランクのきわめて内容豊かな著作『詩と伝説の近親相姦主題』（一九一二年）ですでに、この部分と同じ論拠によって証明されている。

こからともなく迫ってくる罪の意識に苦しんでいたのだが、悪事を働いてしまうと、その圧力が弱まる。罪の意識は、少なくともなんらかのかたちで収納されてしまうのである。

はなはだ逆説的に聞こえるかもしれないが、私としては、罪の意識は悪事以前から存在していると言わざるをえない。罪の意識は、悪事を働いたから生じるのではなく、逆に、罪の意識があるからこそ悪事を働くことになるのである。そうした人びとは、罪の意識ゆえに罪をおかす人間と呼ぶのが至当と思われる。罪責の念が先行的に存在することは、むろんそれ以外の一連の発言や活動から証明されるものであった。

だが珍奇な事実の確定が、科学の仕事の目的なのではない。さらなる問題がふたつ、解決されなければならない。つまり、犯行以前からあるうしろめたい罪責の念はどこから来るのか、また、その種の原因が人間がおかす各種の犯罪にかなり大きく関与しているというのは本当かどうか、である。

第一の問題を探究してみると、人間がいだく罪責の念一般の源泉について、いささか示唆が得られた。精神分析の作業は、うしろめたい罪責の念が、例外なくエディプスコンプレクスに由来することを明らかにしている。それは、父親を殺害し、母親と性的交渉をもちたいという、ふたつの大きな犯罪的意図にたいする反動である。この両者と比較するならば、罪責の念を固着させるためにおかされる犯罪は、苦しんでいる人間にとって、なるほど負担軽減になったのだ。ここで、父親殺害と母子相姦は人間の二大犯罪、未開社会においても大罪として追及され、忌避される唯一の犯罪であることを、想起しなければなるまい。また、すでに別稿によって推定したことだが、いまでは遺伝的な心の力として現れる良心を、人類はエディプスコンプレクスによって獲得してきたことも、想起すべきだろう。

第二の問題の解決は、精神分析の仕事を超えている。子供を観察すれば簡単にみてとれるが、彼らは罰を誘発するために「悪い子」になり、罰を受けると落ち着き、また満足する。さらに精神分析による探索を続けてみると、罰を受けよと子供たちに命じた罪責の念の痕跡に至りつくことが、よくある。犯罪をおかしたのが大人の場合には、罪責の念なしに罪をおかす人間、つまり道徳的抑制力がまったく発達していない、もしくは社会との闘争のなかで自分の行為が正しいと思い込んでいる人間は、すべて除外して考えねばならないだろう。しかし、もともとすでに刑罰規定の適用を受けたその他の大多数の犯罪者の場合、ここで述べてきたような犯罪の動機を考慮することは十分に可能と思われる。また犯罪者の心理学における未解明の諸点に光を投じ、さらには刑罰を新たに心理学的に基礎づけることもできるだろう。

後日、ある友人から教えてもらったが、ニーチェもまた「罪責の念ゆえに罪をおかす人間」がいることを知っていたという。罪責の念があらかじめ存在していることや、それを合理化するために犯行におよぶことは、ツァラトゥストラの「蒼白き犯罪者たち」についての教説(11)が示唆を与えてくれそうである。どれほどの犯罪者がこの「蒼白き」人間たちに算定されるかについては、後考にゆだねることにしよう。

（三谷研爾　訳）

ある可塑的な強迫表象の神話的並行現象
Mythologische Parallele zu einer plastischen Zwangsvorstellung

二十一歳くらいのある男性の患者の事例になるが、無意識の精神作業の産物が、強迫思考だけではなく、強迫像としても意識されていた。このふたつは、互いに伴って現れることも、またそれぞれ別個に現れることもあった。あるとき、患者は、彼の父親が部屋に入ってくるのを見ると、密接に結びついた、ある強迫語とある強迫像が現れた。その言葉は、「父の尻《ファーターアルシュ》」であり、それに伴う像は、手足の付いた、しかし顔と上半身を欠いた、裸の下半身だけの父であった。性器は示されておらず、顔は腹の上に描かれていた。

この尋常ならざる症状形成を解き明かすために、注意しておかなければならないのは、この知的に十分発達し、倫理的な高潔をも望むこの患者が、十歳になるまで、激しい肛門性愛に、さまざまな形で耽っていたことである。肛門性愛の克服ののち、彼の性生活は、性器性愛への攻撃によって、肛門性愛の前段階へと逆戻りすることになってしまった。父親のことを、患者は愛し、そして尊敬してもいた、また父のことを少なからず恐れてもいた。欲動の抑え込みならびに禁欲にたいする患者の強い要求という点からすると、患者にとって、父親は、「大食漢」つまり物質的なものへと向いた享楽癖の信奉者のように思えたのである。

まもなくして「ファーターアルシュ」という語が、「家長《パトリアルヒ》」という尊称を、勝手にドイツ語に置き換えたものであることが明らかになった。そして強迫像のほうは、あきらかな戯画である。ここから思い浮かぶのは、ある全人格を、ひとつの器官、たとえば性器で言い換えてこきおろす表現、また性器でもって人間全体を置き換えようとする無意識の幻想、また「身体を耳にして聞く〔一心に聞く〕」といった面白い慣用句である。

この戯画で、腹の上に顔がつけられている点は、さしあたってとても奇妙なものに思われた。しかしすぐさま私は、同じようなものをフランスの戯画で見たことを想い出した。[*1] そして偶然にも、私は、私の患者の強迫像と完全に一致を示している、ある古代の描写についても知ることになった。

ギリシア神話によると、デメーテルは、奪われた娘〔ペルセポネー〕を探して、エレウシスにまでやってきて、そこでデュサウレースとその妻バウボーのもとで歓待された、しかしデメーテルは、深い悲しみにとらわれて、食べ物も飲み物も喉を通らなくなってしまった。そこで女主人は、デメーテルを笑わせるために、突然、洋服を上に上げ、裸体をさらしたのである。このもはや理解するすべを失った魔術的な儀式を説明してくれるにちがいない、この逸話についての議論は、サロモン・レナク[(1)]の『儀式・神話・宗教』[(2)]（第四巻、一九一二年刊、一一五頁）のなかで言及されている。そこでは、小アジアのプリーネの発掘に際して、バウボーのテラコッタが発見されたことにも言及されている。このテラコッタは、頭と胸のない女性の身体を模したもので、腹部の上に顔がつくられており、まくしあげられたスカートが、編んだ髪のように、顔のまわりを縁取っている（レナク、前掲書、一一七頁を参照）。

（吉田耕太郎　訳）

＊1　「無礼なグレート・ブリテン」一九〇一年のジャン・ヴェベール[3]のイギリスについての戯画。エードゥアルト・フックス『戯画におけるエロティックな要素』一九〇四年より(フックス(『エロティック美術の歴史』(一九〇四年の増補版)ミュンヒェン」一九〇八年、三八四頁)。

ある象徴と症状の関係
Eine Beziehung zwischen einem Symbol und einem Symptom

帽子が、性器、主として男性のそれを表すことは、夢分析の経験を通して十分に確証されている。ところがこの象徴は、理解しやすい類いのものであると言い難い[1]。さまざまな症状と同様に、空想《ファンタジー》のなかでは、頭もまた男性性器の象徴として、またこう言ってよければ男性性器の代理として現れることがある。少なからず分析家は、強迫観念に苦しむ患者たちが斬首刑を他のいかなる死に方よりも忌み嫌い、それに対する憤りをみせることに気づき、あなたたちは頭が切り落とされることを去勢の代替物とみなしているのだ、と患者たちに説明せざるをえなくなるだろう。少年の見る夢、または幼年期に由来する夢が幾度も分析され、報告されてきたが、それらの夢は去勢の主題に関係し、なかには弾丸の話もあって、それは父親の頭部と解釈せざるをえないこともある。私は最近、眠りにつくための儀式を解明することができた。その儀式では、小さな枕が他のクッションの上に菱形に置かれ、寝る人は頭をその菱形のちょうど対角線の長辺部に休らえねばならない。菱形は周知のように、壁の落書きでおなじみの意味をもっており、頭は男性の性器を表している[2]。

そうすると、帽子は頭部と連続していながらも取り外せもする頭部でもあると考えられ、その限りで帽子のもつ象徴的意味も頭のそれから導き出すことが可能となろう。これに関連して想い起こされたのは強迫神経症者の示すある症状である。この患者たちはその症状によって自身を執拗に苦しめるすべを心得ている。彼らは路上で知人に出くわしたとき、知人が先に帽子をとって挨拶をしたかどうか、あるいは、彼らの挨拶を待っているように見えるかどうかを絶えず窺っており、相手が彼らにもはや挨拶をしないか、あるいは彼らからの挨拶にきちんと返答しないことを発見した暁には、相当数関係を断ち切ってしまう。彼らがそうした挨拶にまつわる苦境に陥るのは気分や思いつき次第なので、それは際限のないものに思われる。脱帽して挨拶することは、挨拶された者に対する卑下を意味するのであり、例えば、スペイン大公は王の面前でも帽子を被ったままでいる特権を得ていたのだとか、また、彼らが挨拶に対して過敏になっているのは、他人が思っているよりも低く自分を見せたくないことも意味しているのだとか、言い聞かせてみても、こうしたことはどのみち彼らはすべて承知していることであって、先の振舞いに何ら変化は見られない。このような説明に対して彼らの感受性が抵抗を示すことを見ると、このように推測することが許されるだろう。すなわち、意識にとってはあまり馴染みではない動機が働き出しており、それを強化している源泉は去勢コンプレクスとの関係のなかに見いだされうるのだ、と。

（本間直樹　訳）

アーネスト・ジョーンズ著「ジャネ教授と精神分析」へのコメント

Anmerkung zu Ernest Jones, ›Professor Janet über Psychoanalyse‹

ジョーンズ博士[1]による〔ジャネ教授への〕論駁の成否に関わるものではないが、私にとっては重要な点について訂正せざるをえない。後に精神分析と名づけられた仕事の優先権と独立性について述べられていることはすべて正当なものであるが、それはすべてブロイアーの業績に帰せられる。私の関与は一八九一、九二年からである。何度も一般の承認を得ているように、私が継承したものは、ジャネからではなく、ブロイアーから受け取ったのである。

フロイト

（本間直樹　訳）

GW-Nb 768

精神分析のある難しさ
Eine Schwierigkeit der Psychoanalyse

まず初めに述べておきたいことは、論題の「難しさ」ということで私が考えているのは、知的な難しさではなく、情動的な難しさであるということである。精神分析についての知的な難しさとは、精神分析を受容しようとする人びと(聴衆あるいは読者)にとって精神分析が理解しがたいものであるということであるが、情動的な難しさとは、精神分析を受け入れようとする人びとの感情に対して精神分析を離反させるようなものであり、そのために、そのような人びとは、精神分析に対して関心あるいは信用をますますおかなくなるのである。誰でもが気づくように、これら二つの難しさは、まったく同じ結果にいたる。ある事象に対して十分に共感できない人は、その事柄をそれほどたやすく理解することもできないであろう。

今まで精神分析についてまったく関心がないような読者のことを考えると、少々以前にさかのぼって詳しく説明しなければならない。精神分析において、個々の無数の観察と印象から、リビード理論という名で知られている学説がようやく創り出されたのである。よく知られているように精神分析は、いわゆる神経症的障害の説明と除去に携わっている。この問題のために、攻撃の起点が見いだされなければならなかった。そして、それを心の欲動の生のなかに探し出すことをわれわれは決心した。それゆえに、人間の欲動の生についてのさまざまな過程が、神経症に関するわれわれの見解の基礎となったのである。

われわれの学校で教えられている心理学は、心の生活に関するさまざまな問題について、われわれが満足できるような答えを非常にわずかしか与えてくれない。しかし、欲動の領域以上に心理学の情報が乏しい領域はないのである。

それゆえに、この欲動の領域においてわれわれが最初の方向づけをどのように行うのか、ということは、われわれに委ねられている。広く世の中に受け入れられている見方では、個体を保存しようとする欲動と個体を繁殖させようとする欲動の代表として、空腹と愛が区別されている(1)。非常に分かりやすいこの区別にしたがって、われわれは、精神分析においても自己保存欲動あるいは自我欲動と性欲動を区別し、性欲動を心の生活のなかで現れさせる力をリビードと名づける。これは、自我欲動における空腹や権力欲などと類似したものなのである。

このような仮定に基づいて、われわれは続いて最初の重要な発見を行う。われわれに知られたのは以下のことである。すなわち、神経症発病を理解するためには性欲動に非常に大きな意味が帰せられること、神経症はいわば性機能の独特の発病であること、ある人間がそもそも神経症になるかどうかは、リビードの量とリビードを充足しその充足によってリビードを放散する可能性とに依っていること、そして神経症の発病形態を規定しているのは、個々人が性機能の発展過程をどのように歩んでいったのかというそのあり方次第であり、精神分析の用語で言えば、個々人のリビードがその発展の経過において被るさまざまな固着のあり方次第である、ということである。さらにわれわれが知ったのは、いくつかの神経症群を解明すると同時に消去する手段が、心的影響力を発揮する或る技法に存していることであるが、この技法はそれほど単純なものでないのである。われわれの治療上の尽力が最も成果を生んだのは、自我欲動と性欲動との葛藤に発する或る神経症の部類についてである。つまり、人間において生じるのは、その個体的存在をはるかに上回る性欲動のさまざまな要求があり、これが自我にとって自らの自己保存あるいは自尊心を脅かす危険として現れるということである。このような場合に自我は防御する。つまり自我は性欲動に対し、それが欲望している充足を拒み、性欲動に対して代替充足という迂回路を強要する。この迂回路が、神経症の症状として表れるのである。

このような場合に精神分析の治療が行うのは、抑圧過程を検査し、健康な状態と両立しうるよりよい出口へと葛藤を導くことである。そうすると、ものわかりの悪い論敵たちは、われわれが性欲動を過剰に重視するのは一面的だと非難するのである。すなわち、人間には性的関心以外の関心があると彼らは主張するのだ。このことをわれわれも一瞬たりとも忘れていないし、否認しない。われわれの一面性と似ているのは、化学者がすべての分子構造を化学的な引力に還元しようとすることである。だからといって化学者は重力を否定しない。重力の重要性の評価を化学者は物理学者に委ねているのである。

治療的な作業を行っている間、われわれが気にしなければならないことは患者におけるリビードの分配である。われわれは、患者のリビードがどのような対象表象に拘束されているのかを探って、リビードを解放し、自我がそれを自由に扱えるようにする。このようにしてわれわれは、人間におけるリビードの最初の分配、その原分配について非常に奇妙なイメージを作ることになった。つまり、個人の発達の初期に、あらゆるリビード(あらゆるエロース的追求、あらゆる愛の能力)は自分自身に結びついているのであって、精神分析の用語で言えば、自分の自我に備給されているということを仮定せざるをえなくなったのである。後になって初めて、生きていくための重大な欲求充足を依托することにおいて、リビードは自我から外的対象へ流れ出て、そのようにしてわれわれは、リビード的欲動をそのものとして認識し、自我欲動から区別することができるようになるのである。リビードがこのような対象から元通りに引き離され、自我へと引き戻されるということも生じうる。

自我がリビードを自らのもとに保持している状態をわれわれはナルシシズムと呼ぶが、それは、水に映った自らの像に恋着《れんちゃく》してしまった青年ナルキッソスについてのギリシア神話に因んでいる。

このようにしてわれわれは、ナルシシズムから対象愛へと個人が進んでいくことを認める。しかし、自我の全リビードがそのうちに対象へ移行するとはわれわれは考えていない。ある一定量のリビードはいつも自我に留まっており、かなり発展した対象愛にもかかわらず、ある程度のナルシシズムは存続し続けるのだ。自我とは、大きな貯蔵槽のようなものであり、そこから対象に対して一定のリビードが流れ出し、その対象からリビードは再び貯蔵槽へと流れ込むのである。対象リビードは最初は自我リビードであり、また自我リビードに変わりうるのだ。人の健康全体にとって本質的であることは、リビードがその全体的な流動性を失わない、ということである。この事態を分かりやすくするために、不定形な原形質状の微小動物のことを考えてみよう。粘着的な性質のこの動物は偽足(仮足)を伸ばしており、この伸びた部位にその体の中身が入り込んでいくのであるが、しかし、いつでもそれを引き込めることができるのであって、再び原形質状の塊の形態に戻るのである。

これまでの概観で私が記述しようとしてきたのは、神経症のリビード理論である。この理論に基づいているのが、神経症のさまざまな病状の本質についてのわれわれの全見解であり、これらの病状に対するわれわれの治療法なのである。当然われわれは、リビード理論の諸前提が普通の人びとの行動にも当てはまると考えている。われわれは小さな子供にもナルシシズムがあることを論じる。また、未開人には過剰なナルシシズムがあるのを認めることによって、未開人が自らの思考の全能性を信じ、それゆえに魔術のテクニックを用いて外界の出来事の過程へ影響を及ぼそうと思っていることが説明できるのである。

以上のような緒言の後で私が詳述したいことは、普遍的なナルシシズム、つまり人類の自己愛が、今日まで科学的研究から三つの重大な侮辱を受けてきた、ということである。

ａ、人間がその研究の当初にまず信じていたことは、人間の住処、すなわち地球は宇宙の中心に静止してあり、他方、太陽や月、惑星は地球のまわりを円形の軌道で動いている、ということであった。その際、人間は自らの感覚的知覚の印象に素朴にしたがっていたのである。というのは、地球の運動は人間には感知されないし、どこで自分のまわりを自由に見回そうとしても、外的な世界を取り巻く圏域の中心に自分を見いだすからである。このようにして地球の中心的な位置は、人間にとって宇宙全体におけるその支配的な役割を保証していたのであり、自分がこの世の主人であると感じる性向に十分に一致しているように思われたのであった。

このナルシス的な錯覚の破壊は、われわれには、十六世紀のニコラウス・コペルニクスの名前と業績に結びついている。コペルニクスよりずっと以前にピュタゴラス派の人びとが地球の特権的な地位を疑っていたし、紀元前三世紀にサモスのアリスタルコス[2]は、地球が太陽よりもかなり小さく、この天体のまわりを動いていることを明言していた。このようにコペルニクスの偉大な発見も彼以前にすでになされていたのである。しかし、コペルニクスの発見が広く承認されたとき、人間の自己愛は、その最初の侮辱、つまり宇宙論的な侮辱を受けたのであった。

ｂ、文化が発展していく過程において、人間は、自らと同様に被造物である他の動物に対して主人であると僭称するようになった。しかし人間は、このような優位に満足せず、自らと動物との間に或る溝をつくり始めた。人間は動物に対して理性を認めず、自らには不死の魂を認めた。また、自ら自身には高貴な神の血筋があるとして、動物界と共通するつながりを断ち切ろうとした。奇妙なことは、このような思い上がりを小さな子供や未開人、原始人はまったく思いつかない、ということである。この思い上がりは、後年の尊大な発達の結果なのだ。トーテミズムの段階における未開人は、自らの氏族の始祖が動物であるとしても気にすることはない。古代特有の考え方をとどめている神話のなかで神々は動物の姿なのである。最初期の芸術において神々の像は動物の頭を持っている。子供は自らと動物のあいだを区別しない。それゆえに子供はメルヒェンにおいて何の驚きもなく動物に考えさせたり話させたりするし、人間の父にかかわっている不安の情動を犬あるいは馬に遷移するのであるが、そうしても父親を見下そうとしているのではないのである。大人になったときに初めて、もはや動物は身近な存在ではなくなり、他人を動物の名前で呼ぶことで罵倒することもできるようになるのである。

　人間のこのような思い上がりに対して半世紀ほど前にチャールズ・ダーウィンやその共同研究者、そしてその先駆者たちのさまざまな研究が終止符を打ったことをわれわれは皆知っている。人間は動物と異なる存在ではないし、動物よりもすぐれた存在でもなく、動物の系統から人間自身生じてきたのであって、いくつかの種には近く、その他の種には遠いということだけなのだ。人間が発達するにつれてさまざまな事柄を獲得してきたとしても、身体構造や心の素質において動物と等価であるという証言を消し去ることはできなかった。このことが、人間のナルシシズムに対する第二の侮辱、つまり生物学的な侮辱である。

　c、最も手厳しく傷つける侮辱は、おそらく心理学的な性質の第三の侮辱であろう。

人間は、いくら外から辱められようとも、自分の心のなかでは自分は絶対的であると感じている。自らの自我の中心のどこかに人間は自分の感情と行動を見張る監視機関をつくったのであり、自らの感情や行動が自我の要求に合致しているかどうかを見張っているのだ。もし感情や行動が自我の要求に合致しないならば、それらは容赦なく制止され撤退させられる。自我の内的知覚、つまり意識は心の諸活動のなかで重要な出来事をすべて自我に知らせるが、この情報によって導かれた意志は、自我が指令することを実行し、自我から独立してなされることを修正する。というのは、心はこのように決して単純なものではなく、心には、上位と下位の階層的な諸審級と、お互いにもつれ合った諸衝動とがあるからであって、これらの諸衝動は外的世界への諸関係と諸欲動に応じて多様であり、それぞれお互いに依存せずに実現されようと迫りくるのであるが、このことは、外的世界への諸関係と諸欲動の多くがお互いに対立しており、お互いに両立できないことに対応しているのである。心の機能にとって必要なことは、上位の審級は、生じつつあることすべての情報を得ていなければならず、その意志は自らの影響を発揮するためにどこへも侵入できなければならないということである。このようにして自我は、この情報が完全であって信頼できること、ならびに自我の命令がどこへでも通達されうることについて自分自身確信しているのである。

ある疾病において、もちろん、われわれが研究している神経症においてはまさに、事情は異なっている。自我は、自分自身の家、つまり心のなかで、自分の力の限界に出会って、不愉快に感じている。どこから来たのか分からない思念が突然に思い浮かぶのであり、これを追放することもできない。なじみのないこの客自身、自我に従っているものよりも強力に思われる。この客は、普段はとても信頼がおける意志の権力手段すべてに対して抵抗し、論理的な反駁によっても動揺することなく、現実の反対陳述によっても侵害されないままであるのだ。あるいは、まるで見知らぬ人のような衝動も生じる。自我はそれを否認するが、しかしそれを恐れ、それに対する予防措置を取らざるをえないのである。これは病気であり、未知の侵入だと自我は自分に言い、その警戒を強めるが、しかし、なぜこれほどまでに奇妙に自分が麻痺していると感じる理由について自我はまったく理解できないのである。

これらの出来事は、悪霊が心の生活のなかに押し入ってきたことであるという意見を精神医学は認めない。しかし、精神医学は、異常変質、あるいは遺伝性素質、または劣等体質がこの原因である、といつも肩をすくめて言うだけである。このような不気味な症例の解明を企てるのが精神分析である。精神分析は、長く手間のかかる研究を丹念に進め、補助概念をつくり、科学的理論構成を行っている。そして自我に対して、ついに次のように言うことができるのである。「おまえに取り憑いたのは、まったく見知らぬものではない。おまえ自身の心の生活の一部が、おまえの知とおまえの意志の支配から逃れたのである。だからこそおまえは非常に弱く防御することしかできないのである。つまり、おまえは、自分の力のある部分と別の部分とを争わせているのであって、外的な敵に対するように、おまえの全力を統合して争うことはできないのだ。そして、おまえに非常に対立し、おまえから独立して生まれてきたものは、おまえの心の力のなかで最低で取るに足りない部分なのではない。罪はおまえ自身にある、と私は言わざるをえない。おまえの性欲動に対しておまえが意志することを行うことができ、おまえの性欲動の意図をまったく顧慮する必要はないとおまえが信じていたならば、おまえは自分の力を過大評価していたのである。この場合、おまえの性欲動は反抗して自分自身の暗黒の道を進み、抑え込みから逃れた結果、おまえにとって決して都合がよくない仕方で自らの掟をつくったのである。どのようにしておまえの性欲動がこのようなことを実現したのか、どのような道をおまえの性欲動が通っていったのかについておまえは何も知ることはない。おまえに知られるのは、おまえの性欲動の作業の結果、つまり症状のみであって、これはおまえには病として感じられるのである。

この症状が、おまえ自身の追放された欲動の蘖《ひこばえ》であることをおまえは知らないし、それがおまえの欲動の代替充足であることもおまえは分からないのだ」。

「この過程全体は、おまえが別のある重要な点において思い違いをしているという事情によって生じている。おまえはおまえの心のなかに生じていることについて、おまえの意識がおまえに告げるに値するほど重要であることすべてを知っていることに関して疑っていない。もしおまえの心のなかの事柄についてまったく情報が得られなかったならば、おまえは、その事柄がおまえの心のなかに保たれていないと確信を持って仮定する。それだけではなく、おまえは、「心の」という語を、おまえに知られているという意味の「意識されている」という語とみなすまでに至っているのであるが、ところが、おまえの心の生活のなかには、おまえの意識が知りうること以上の事柄が常に生じているに違いないことは、何よりも明らかに証明されるのである。おまえはこの点に耳を傾けなさい。おまえのなかの心というものは、おまえに意識されているものとは一致しないのである。おまえの心のなかに何かが生じているかどうかということと、おまえがそれを知っているかどうかということは別のことなのだ。おまえのさまざまな欲求に対して、おまえの意識に情報が届けられることは普段は十分に機能していると私は認めよう。おまえは自分が比較的重要なことはすべて知っているという錯覚のなかに安住していていいのである。しかしながら、欲動葛藤のような多くの場合には、意識に情報を伝えようとしても不首尾に終わるのであって、おまえの意志はおまえの知よりも遠くまで届かないのだ。いずれの場合でもやはりおまえの意識の情報は不完全でしばしば信頼できないのである。ある出来事がすでに成されてしまって、おまえはもう何も手出しできないときに初めておまえにその情報が伝えられるということもしばしば起こるのである。おまえの心のなかで蠢《うごめ》いているが、おまえが病気でなくても何も知らず、間違った情報しか伝えられていないすべての事柄について、誰が推し量ることができるのであろうか。ちょうどおまえは、宮廷の絶対君主のように振舞っているのである。絶対君主とは、民衆の声を聴くために民衆のところまで降りていかず、自らの取り巻きの宮廷人たちの情報だけで満足しているのだ。おまえのなかへ、おまえの深みへ進み、まずおまえをよく知りなさい。そうすれば、おまえはなぜ自分が病気にならなければならないのかを理解するであろうし、ひょっとしたら病気になることを避けられるかもしれないのである」。

以上のことを精神分析は自我に分からせようとしたいのだ。しかし、われわれのなかの性欲動の生が完全には制御されえないことと、心のさまざまな出来事はそれ自身意識されず自我の不完全で信用できない知覚のみを通して接近され自我に服するという二つの説明は、結局、自我は自分自身の家の主人ではない、という主張と同じなのである。これら二つの説明がいっしょになって自己愛への第三の侮辱となるのであり、私はこの侮辱を心理学的と呼びたい。それゆえに、自我が精神分析に好意を向けず、精神分析への信頼を執拗に拒むことは何の不思議もないのである。

無意識的な心の出来事を仮定することが、学問と人生にとってどれほど重大な一歩となるのかという意味を明晰に分かっている人はきわめて少数であろう。しかし、精神分析がこの一歩を初めて踏み出したのではない、ということをわれわれは急いで付け加えたい。精神分析の先駆者として有名な哲学者たちの名前が挙げられるであろうが、とりわけ偉大な思想家ショーペンハウアーの無意識的な「意志」は、精神分析の心の諸欲動と同一のものなのである。さらにこの思想家は、人間が自らの性追求の重要性をいまだに軽視していることを、忘れられないほど強調された表現で警告したのである。精神分析がショーペンハウアーよりもすぐれているのは、以下のようなただ一つの点のみである。すなわち、ナルシシズムが非常に嫌がる二つの命題、つまり性欲の心的重要性と心の生活の無意識性の命題を、精神分析は抽象的に主張するのではなく、各々の人に個人的に関わる或る素材において証示したことであり、この素材は、これらの問題について各々の人の態度や姿勢の決定を強要するのだ。しかしながらまさにそれゆえに、哲学者ショーペンハウアーの名前を今でも恥ずかしがって避けようとする反感と抵抗を精神分析は自らに呼び寄せているのである。

（家高　洋　訳）

『詩と真実』の中の幼年期の想い出
Eine Kindheitserinnerung aus »Dichtung und Wahrheit«

「幼年期のごく早い時期に出合ったことを想い出そうとすると、他人から聞いたことと、自分自身で本当に目にした体験とを取り違えることがよくあるものだ」[1]。この注記は、ゲーテが、六十歳のときに書きはじめた自伝のはじめのページに書き記したものである。この言葉の前には、「一七四九年八月二十八日正午、教会の鐘が十二時を打ったときに」この世に生を享けたことについて、いくつかの報告があるだけだ[2]。星の配置は申し分なかった、それがたぶん、彼が命をとりとめた原因であったのであろう。というのもゲーテは、「死児として」この世に生まれ、あれこれ手を尽くして息を吹き返したからだ。この記述のあとには、家と、子供たち——ゲーテと妹——が一番気に入った場所についての短い叙述が続く。それから、しかし、ゲーテは、「幼年期のごく早い時期」(つまり四歳よりも前か?)に数え入れることのできる、そしてまた、ゲーテ自身がみずからの想い出のうちにおさめていたような、出来事についてはただひとつしか語っていない。

その報告は次のようなものである。「……そして、向かいに住んでいた、故市長の遺児のフォン・オクセンシュタイン三兄弟は、私のことをかわいがり、なんやかんやと私の相手をしては、私をからかったものだ」。「普段は真面目で独りでいる兄弟たちが、私にけしかけた悪ふざけの数々について、家の者たちはよく話をしてくれた。この悪ふざけのなかからひとつだけここに紹介しておこう。ちょうど陶器市のことであったのだが、台所で当座必要となるものが調達され、同じように私たち子供たちにも、ママゴト用にと小さな食器が購入された。ある晴れた日の午後、家のなかはすべてが静まりかえっていた。私は、格子窓の部屋（さきに言及した通りに面した場所）で、皿や鍋で遊びにふけっていた。それで、それだけではなんということもなかったので、一枚の皿を私は通りに投げ捨て、面白くも粉々になるのを見て喜んだ。私が嬉々として小さな手を叩いているのを見た、オクセンシュタイン兄弟は、私が楽しんでいるのをみとめると、「もっとやれ」と声をかけた。私は、すぐさま、鍋をひとつ投げた。止むことなく続く「もっとやれ」というかけ声に応じて、私は次から次へと、小皿、小鍋、小さなポットを通りの石畳の上に投げつけた。隣人たちの喝采は続いた。そしてまた私は、彼らを喜ばせることができて、とても気分が良かった。自分の手持ちがなくなってしまったのだが、兄弟たちは「もっとやれ」という声を叫び続けていた。そこで私はすぐに台所へかけてゆき、陶器の皿をとってきた。この皿が壊れるのは、たしかに面白い光景であった。そして私は、台所に行ったり来たりしながら、棚の上の手に届いたものを、ひとつずつ持ってきた。それでも兄弟たちは満足しなかったので、私は、持ち出せる限りの食器をすべて同じようにだめにしてしまった。誰かがやってきて私をやめさせたのは、しばらく経ってからのことであった。不幸はすでに起こってしまった。これほどたくさんの陶器が壊された代わりといってはなんだが、ひとつの面白い話が得られたということがせめてもの救いである。この事件の悪戯好きな張本人たちは、この世を去るまで、この話を楽しんでいたのであるから」。

精神分析が現れる以前のことであれば、立ち止まることもひっかかることもなく読みとばされてしまうこの記述も、あとになってみれば、精神分析の関心をひきおこさせるものであったということになる。確かに幼年期のごく早い時期の想い出については、特定の意見や期待がその実をなしているのであって、こうした見解が一般的に妥当することが求められている。幼年期の生活の個々の出来事のなかでも、どのような出来事が、いわゆる忘却を免れたのか、これはとりたてて意味のない、どうでもいいことではない。むしろ、次のように考えることができるのではないだろうか。記憶に保たれたものは、人生の一時期のうちで最も重要なものであったのであり、そしてこの記憶に保たれたものは、この重要性を幼年期において既に有していたか、またはのちの体験の影響からこの重要性を得たか、そのいずれかであると。

もっとも、そうした幼年期の想い出の高い価値が明らかになるのはとても希な場合にすぎない。大抵の場合、幼年期の想い出は、どうでもいいもの、むしろ取るに足りないものとして現れるのであって、ある想い出が、忘却にうまく抵抗しえたということは、さしあたっては理解されないままにとどまり、それらを長期間にわたり自分自身の想い出として持ち続けてきた、当の本人でさえも、それについて話して聞かされる他人と同じく、その価値は分からないでいるものなのである。想い出をその重要さとともに認識するためには、ある解釈作業が必要となる。この解釈作業によって、想い出の内容が、他のものによって置き換えられていることが証明されるか、またはその想い出が、それとは別の、まぎれもなく重大な体験と関連していること、つまりその想い出がいわゆる遮蔽想起として出てきていることが明らかにされる(3)。

ある伝記を精神分析的に処理してみることで、早い時期の幼年期の想い出の意味を、そのような仕方で明らかにすることができる。すると決まって、分析を受けている者がはじめに話す想い出、または彼が人生の告白をはじめる呼び水として最初に物語る想い出が、最も重要な、つまり彼の心の生活の隠された引き出しを開ける鍵がおさめられた想い出であったということが、明らかになるのだ(4)。しかし、『詩と真実』のなかで言及されているような、些細な出来事は、私たちの期待に応えてくれそうもない。私たちが患者に接して、解釈へと導かせる手段や方法は、ここでは当然使うことができない。この出来事それ自体が、後年の重大な生の印象と、跡づけ可能な関係を有しているようにはみえない。他人にけしかけられてしでかした、家計に損失をあたえた悪戯は、ゲーテがその豊かな人生から伝えようとするものすべての幕開けとしては、確かに不適切なのである。まったくもって無邪気で、他と関係が無いという印象が、ここでの幼年期の想い出にも言えるのであって、いたずらに精神分析を強いてはならない、ここは精神分析に相応しい場ではないという警告を、私たちは受け入れたほうがよさそうである。

そういうわけで、私はこの小さな問題を、長い間、考えずにおいていたのだが、偶然にも、類似した幼年期の想い出が、よりはっきりした関連を伴って生じている患者と巡り会うことになったのである。その患者は、二十七歳の、教養を積んだ、才能ある男性である。彼の現状と言えば、彼の母親との葛藤で一杯になっており、この葛藤が、彼の生のすべての利害にまでかなり及んでおり、その影響によって、彼の恋愛能力ならびに自立して生きてゆくことに支障をきたしていた。この葛藤は、幼年期にまで遡るものであり、四歳まで、と言ってよいかもしれない。彼はこれまで、とても虚弱で、病気がちな子供であった。ところが、彼の想い出は、この時期を楽園と美化している、というのも、当時の彼は、母の愛情を、無制限に誰とも取り合うことなく占有していたからであった。彼が四歳になる前に、今でも存命の弟がひとり生まれた。この妨害への反動から、彼は、わがままで、不従順な子供にかわってしまい、絶えず母は彼に厳しくあたることになったのである。事実、彼は、二度と元の道へと戻ることはなかった。

信心ぶった母親が精神分析を忌み嫌っていたことが少なからずその理由にあるのだが、患者が私の治療を受けに来たとき、後から生まれた弟への妬み――当時は揺りかごの中の乳飲み子の弟を殺害しようというかたちで現れていた――は、長い間忘れ去られていた。彼は今では、とても思いやりをもって弟に接している。しかし、ふだんは大切にしている動物、例えば彼の猟犬や心を配って世話している鳥たちを、突然激しく痛めつけるという奇行は、弟への敵意に満ちた衝動の名残として理解することができる。

ところで、この患者が次のように語ってくれたことがある。それは、彼が憎んでいた弟を暗殺しようとしていた頃のことであるが、手の届く限りの食器をすべて、彼の別荘の窓から通りへと投げ捨てたことがあったと。なんと、ゲーテが『詩と真実』で話していた彼の幼年期と全く同じことであった。この患者が、外国籍を有しており、ドイツで教育を受けていないことを、私は言い添えておきたい。つまり彼はゲーテの自伝を一度も読んだことがないのである。

この報告によって、私は、ゲーテの幼年期の想い出を、私の患者の話からも、もはや疑う余地のない意味で解釈してみようという気をおこした。しかし、かの詩人ゲーテの幼年期において、そのような見解をとるに必要な条件が整っていたと実証できるのであろうか。ゲーテ自身は、彼の悪戯はオクセンシュタイン家の兄弟たちがそそのかしたことが原因であったと述べていた。しかしゲーテの説明から知りうるのは、年上の隣人兄弟たちが、ゲーテがはじめた悪戯を、さらに続けるようけしかけたことである。そのはじまりはゲーテが自発的に行ったのであって、ゲーテがその悪戯をはじめることになった動機は、「それだけでは（遊んでいるだけでは）、なんということもなかったので」というものであったが、この記述は、つまり、ゲーテが伝記を執筆しているときにも、またそれ以前の長い間もきっと、行為の実際の要因はゲーテ自身には明らかではなかったことを告知するものであると、曲解するまでもなく受け取ることができる。
周知の通り、ヨーハン・ヴォルフガングと妹コルネーリアは、この本当に虚弱な兄弟姉妹のなかで、なんとか生き延びたふたりであった。ハンス・ザックス博士(5)は、若くして亡くなったゲーテの弟妹たちに関係するデータを、快く私に提供してくれた。

ゲーテの弟妹たち

a、ヘルマン・ヤーコプ、一七五二年十一月二十七日(月曜日)に洗礼、六歳六週間まで存命、一七五九年一月十三日に埋葬。

b、カタリーナ・エリーザベータ、一七五四年九月九日(月曜日)に洗礼、一七五五年十二月二十二日(木曜日)に埋葬(一歳四カ月)。

c、ヨハンナ・マリア、一七五七年三月二十九日(火曜日)に洗礼、一七五九年八月十一日(土曜日)埋葬(二歳四カ月)(いずれにせよ彼女が、兄によってたたえられた、とても美しくそして愛すべき女児であったと言える)。

d、ゲオルク・アードルフ、一七六〇年六月十五日(日曜日)に洗礼、八カ月で亡くなり、一七六一年二月十八日(水曜日)に埋葬。

ゲーテのすぐ下に生まれた妹コルネーリア・フリーデリカ・クリスティアーナは、彼が一歳三カ月のとき、一七五〇年十二月七日に生まれた。こうしたわずかな歳の差であれば、コルネーリアを、妬みの対象からはずしてもかまわない。よく知られているように、子供が、この感情を引き起こされるときには、既に生まれている兄姉に向けて強い反応がひきおこされることは決してなく、むしろ新しく生まれてきた弟妹へ、その反感を向ける。とはいえ、われわれが解釈を試みている場面と、コルネーリアの生まれたときまたはしばらく経ってからの時期のゲーテの幼さとは一致しない。

最初の弟であるヘルマン・ヤーコプの誕生のとき、ヨーハン・ヴォルフガングは三歳三カ月であった。それから彼が五歳を迎える、およそ二年後に、二人目の妹が生まれる。この弟妹ふたりとの年齢差は、食器投げの時期として考察に値するが、前者のほうがよりあてはまると言えるだろう、というのも、こちらのほうが私の患者の事例により近いからだ。患者の弟が生まれたとき、患者は三歳九カ月であった。

このような形でわれわれの解釈が向けられることになるゲーテの弟ヘルマン・ヤーコプは、他の弟妹たちのように、ゲーテの子供部屋〔の記述〕に頻繁に現れてこない。偉大な兄ゲーテの自伝のなかで、弟ヘルマンについて一言もふれられていないのは不思議である。[*1] 弟ヘルマンは六年以上も生きており、弟が死んだとき、ヨーハン・ヴォルフガングは十歳に近かった。この点について、エードゥアルト・ヒッチュマン博士[6]は親切にも彼の覚え書きを提供してくれた。それによると、博士は次のように考えている。

「とはいえ幼少のゲーテは、弟の死をむしろ喜んでいた。少なくともゲーテの母が次のように語っていたことを、

＊1　〔一九二四年の追加〕私はこの機に、犯してはならなかった間違った主張を、撤回しておきたい。この本の第一巻の後の個所に、この弟〔ヘルマン・ヤーコプ〕のことについての言及と描写がある。「この弟が長く苦しんだ」厄介な病気の想い出についての個所なのだが、そこでの記述は次の通りである。「彼〔ヘルマン・ヤーコプ〕は、繊細で、物静かで、強情であった。私たちは一度も兄弟という関係を持ちえなかった。なにしろ弟は、幼年期を出るか出ないかで死んでしまったのであるから[7]」。

ベッティーナ・ブレンターノ[8]が伝えている。「ゲーテは遊び相手の弟ヤーコプの死に際して、涙を流すことなく、むしろ両親や他の弟妹が悲しんでいることに対して、一種の怒りを覚えているように見えたことを、母親は奇妙なこととして気に留めていた。後に母親が、この強情なゲーテに対して、弟を愛していなかったのかどうか尋ねてみると、彼は部屋に走っていって、字の練習やらお話を書いた紙の束をベッドの下から引っ張り出してきて、これらはすべて、自分が弟に教えるためにやったと、母親に言ってのけた」。この兄は、いつも親のように弟と接し、彼に優位を示そうとしていたのであろう」。

つまり食器を投げ捨てることは、子供(ゲーテそして私の患者の場合も同様に)が、邪魔する侵入者をとりのぞこうとする欲望を、力強く表した象徴的な行為、より正確に言えば、呪術的な行為である。私たちはこのように意見をまとめることができるかもしれない。子供たちが対象を粉々に破壊することを楽しんでいることについて、私たちは争う必要はない。ある行為それ自体が楽しみを与えるとすれば、それはむしろ、別の目的のためにも繰り返し使われることを妨げることはなく、むしろ誘引するものとなる。しかし、がちゃがちゃと音を立ててものを壊すことの楽しみでもって、こうした子供の悪戯が、大人の想い出のうちに保たれ続けることになったと、私たちは信じることはできないのである。また私たちは、行為の動機をいっそう複雑にすることにやぶさかではない。食器を割る子供は、大人たちから叱られることになる悪さをしていることを十分承知している。このことを承知した上で、子供が止めることができないのだとすれば、子供は、両親に対して抱いている憤りを充足しようとしているのであって、自分を悪く見せようとしているのである。

壊すことまたは壊れたものへの快を満たすのであれば、子供は壊れやすいものをただ床に投げ捨てればよいだろう。それでは、窓から通りへと放り投げることについては説明されないままである。この「放り出す」は、呪術的な行為の本質的な部分であり、その隠された意味に由来していると思われる。新しく生まれてきた子が、片付けられなければならないということ、できることならば窓から外へ、というのも子供は窓から家のなかにやってきたのだから。この行為全体は、コウノトリが弟妹を運んできたと知らされたときに、私たちには周知の、子供がとる字義通りの反応と等価であると言えるだろう。つまり「コウノトリがまた運び出せばよい」、それが子供の回答なのである。(9)

子供の行為を、たったひとつの類推に基づいて解釈することが、どれほど落ち着きの悪いものであることか、そのうちにある不確実性は言うまでもなく、隠すつもりはない。だからこそ私は、『詩と真実』のこの小さな場面についての私の理解を、数年の間、公にしなかったのである。そこである日のこと、私のところに、ひとりの患者がやってきて、彼の分析は、そのまま書き留めると次のような言葉でもってはじめられた。「私は、八人それとも九人の兄弟姉妹の長男でした。*2 私の最も古い想い出のひとつは、父がガウンを羽織り、ベッドの上に座って、私に笑いながら、私に新しい弟ができたと語りかけるものです。私は当時、三歳九カ月でした。私と私の弟との歳の差にはこんなに開きがあったのです。それで私は、その後しばらくして(それとも一年程前だったでしょうか)*3、さまざまなもの、ブラシや、一本のブラシだったかもしれませんが、靴、その他のものを通り

＊2　この種の特徴を示すよくある間違いである。これは、弟を消し去ろうとする傾向に由来することは疑いない(フェレンツィ「分析の間の一時的な症状形成」*Zentralblatt für Psychoanalyse*, II, 1911-1912, 588-596)。

に面した窓から投げ捨てました。もっと古い想い出もあります。二歳のときでした、私は両親と一緒にザルツカマーグートへの旅行中のこと、リンツでは両親と同じ部屋に宿泊しました。その夜、私はとても不安で、それで金切り声をあげたので、父は私をぶたなければならなかったのです」。

この発言を聴いて、私はすべての疑念がなくなった。精神分析の立場からすると、二つの事物が前後して、一息で語られたとすれば、この近接を関連として解釈するべきなのだ。だとすれば、患者が語ったのは次のようなことになる。私は自分に弟ができたと知ったので、その後しばらくして、あのようなものを通りに捨てた。ブラシや靴といったものを投げ捨てることとは、弟が生まれることへの反応として認められるのである。またこの場合、投げ捨てられた対象が食器ではなく、別のものであったことも問題ではない、きっと子供がちょうど手に届くものであったということであろう……。こうして（窓から通りへと）放り出すことが、その行為の本質であることが明らかになり、破壊すること、音を立てて壊すことの快や、「処刑が執行される」ものの種類などは、常に一定することのない非本質的なものであることが分かるのだ。

当然のことながら、この関連は、最初のものであるにもかかわらず、この短い連続の最後へと押しやられている幼年期の想い出のなかの三番目のことにも求めることができる。その関連を見つけ出すことは容易だ。この二歳の子供は、父と母がひとつのベッドにいることに耐えられないから、落ち着きがなかったと理解できる。旅先であったので、一緒にベッドに入ることを子供に見せないわけにはいかなかったのであろう。このとき、小さな嫉妬者のうちに動いた感情のなかでも、女性に対する苦い感情だけが残ったのであり、そしてこの感情が、結果として、彼の恋愛の発展を持続して妨げることになったのである。

この二つの経験から、私は精神分析家の集まりの席で、そのような種類のことが起こることは、小さい子供では珍しいことではないと述べると、フォン・フーク＝ヘルムート博士女史[10]は次のような二つの考察を私に提供してくれた。それを次に紹介することにしたい。

I

三歳半の頃、小さなエーリヒは、「まったく突然に」気に入らないものをすべて窓から投げ捨てるという習慣を身につけてしまった。しかし彼は、邪魔にならないものでも、関係ないものでも同じようにした。ちょうど父親の誕生日――そのとき、彼は三歳四カ月半であったと説明しているが――に彼は急いで台所から部屋まで引きずってきた、パン生地伸ばしの重い棒を、四階の窓から通りへと投げた。それから数日たって、すりこぎ棒を、続けて父の重い登山靴を、彼は投げ捨てた。しかもこの登山靴は、わざわざ箱から取り出さなければならなかったのである。[*4]

その当時、母親は、妊娠七カ月か八カ月で流産してしまった。それによって、この子供は、人を取り替えたかのようにおとなしくそしておだやかに落ち着いた。彼は、母親が妊娠五カ月または六カ月の頃には、繰り返し母親に次のように言っていた。「ママ、ぼくは、ママのお腹の上に飛び乗るよ」、「ママ、ママのお腹を押すよ」、そして流

＊3　この疑いは、抵抗として、報告の本質的な点を蝕み続けるものであるが、その後しばらくして、患者自身によって自分から撤回された。

＊4　いつも彼は、重たいものを選んだ。

産の直前には、「弟が生まれるならば、すくなくともクリスマスのプレゼントをもらってからがいいな」。

II

十九歳の若い女性が、自発的に、次のような早い時期の幼年期の想い出を話してくれた。「私はとても行儀の悪い格好で、すぐにもはい出すことができるように、食堂のテーブルの下に座っていました。机の上には、私のコーヒーカップが置いてあります。この陶器の絵柄は――いまでもまざまざと眼前に思い浮かべることができるのですが――祖母が部屋に入ってきた瞬間に、私はそれを窓に向かって投げ捨てようとしました。というのも、誰も私をかまってくれなかったからなのです。だからその間に、コーヒーの表面には、「まく」ができていました。それは私がとても嫌っていたものですし、いまでも好きではありません。

その日、私の二歳半下の弟が生まれました。それで誰も私をかまう時間がなかったのでしょう。いまでも次のような話を聞くことがあります。この日私は、手がつけられなかったそうです。昼には、父のお気に入りのグラスを机から投げ、何度も洋服を汚して、朝から晩まで機嫌が悪かったそうです。お風呂に一緒に入れる人形も、怒って、ぼろぼろに壊してしまったそうです」。

この二つの例に、注釈の必要はほとんどない。わざわざ分析するまでもなく、これらの例は、競争相手が登場しそう、また実際に登場してしまったことへの、子供の憤激が、ものを窓から投げ捨てたり、また悪さをしたり、ものの破壊を試みる別の活動のうちに現れていることを証明するものだ。第一の観察では、「重いもの」はきっと母親自体を象徴しているのであろう。子供が生まれるまでの間、子供の憤りは、母親に対して向けられていたということである。三歳半の男の子は、母親が妊娠していることを知っており、彼女が子供を腹のなかにいれていることについて疑いを抱いてはいなかった。ここで「小さなハンス」[*5]、つまり重い荷物を積んだ車への彼の恐怖を想い出すこともできるだろう。[*6]二つ目の観察では、子供が幼いこと、二歳半という年齢が、注目に値する。

ではゲーテの幼年期の想い出に立ち返り、他の子供たちの観察から推察できたとわれわれが信じているものを、『詩と真実』の想い出の記述にあてはめてみる。すると、そうでなければ見出しえない、申し分ない関連が現れてくることになる。それはつまり次のようなものだ。私は、幸せな子供であった。死児として生まれたが、運命は私に生を授けてくれた。しかし私の弟を、運命はこの世から消してしまった。それによって、私は母の愛を、彼と分ける必要はなくなった。そのあとゲーテの思考の歩みは、早くして亡くなった祖母へと進む。彼女は、温かく静かな精神として別の部屋に住み続けていた。

＊5　「ある五歳男児の恐怖症の分析〔ハンス〕」[(11)]。
＊6　この妊娠の象徴について、私はしばらく前に、五十歳をこえたある女性から、別の確証を得られた。何度も聞かされたことに、彼女は、まだほとんど喋ることのできなかった幼い頃に、重い家具を積んだ車が通りを過ぎるたびに、興奮しながら父親を窓までひっぱっていったという。彼女の住まいの想い出から判断して、その当時二歳九カ月にはまだなっていなかった。この頃、彼女の次の弟が生まれた。家族が増えた結果、引っ越すことになったのである。ほぼ同じ時期に、彼女は寝入る前に、彼女の方に寄って来る、なにか不気味にも大きなものについて不安な感じを持つことがよくあった。その際、「彼女の手はとても太くなった」。

すでに別の個所で語り尽くしたことなのだが[12]、母親から文句なしに愛された人というのは、優越感または成功への信頼を、一生涯抱くことになる。この確信が、実際の成功を導くこともめずらしいことではない。とすれば、「私の強さは、私の母との関係に根ざしている」、このような言葉をゲーテは、彼の自伝の冒頭に飾ることも当然できたのであろう。

（吉田耕太郎　訳）

処女性のタブー
Das Tabu der Virginität

未開民族の性愛生活をつぶさに調べてみると、処女性、女性の純潔に対する評価の仕方ほど、私たちに奇異の感を抱かせるものはない。求婚する男性の方が処女性をことのほか尊ぶのは、私たちにとっては揺るぎのないしごく当たり前のことに思われるので、あらためてそうした判断の根拠を述べようとすると図らずも困惑してしまうほどである。未婚の娘は、ある男性との婚姻関係を結ぶにあたって、他の誰かとの性交渉の想い出を持ち込んではならない。そう要求することは、一夫一婦制の本質をなしている一人の女性に対する排他的な所有権を一貫して主張し、この独占権を過去に伸張させていることにほかならない。

一見単なる偏見にすぎないように思われることも、女性の性愛生活に関する私たちの見解からすれば正当であることを示すのはたやすい。若い女性がもつ性愛への憧れは長らく抑えられている。それを最初に満足させ、さらにそのときに環境と教育の影響のもとで彼女のうちに築かれていたいくつもの抵抗に打ち克った者は、彼女とともにある永続的な関係の中に入り込み、その可能性はもはや他の何者にも開かれることはない。この体験をもとに、妻のうちではある隷属〔虜《とりこ》〕状態が形成され、この隷属状態のおかげで、誰にも妨げられることなく妻の所有が保証され、妻は目移りや他所からの誘惑に対して抵抗する力をもつようになる。

「性的隷属〔虜〕」という言葉は、一八九二年にフォン・クラフト＝エービング[*1]によって、一人の人間が、性的交渉をもつ相手に対して、常軌を逸脱するほど依存し自立心の喪失状態に至るという事態を指すものとして選ばれた。この隷属状態はときにひどくなり、自立した意志を喪失し、耐え忍んで自分自身の利益を最大限犠牲にする。著者は、ある程度はそのような依存が「ある期間〔結合〕関係が持続するためにはどうしても必要である」と書き添えるのを忘れていない。そのような程度の性的隷属は、文化的婚姻関係を維持し、それを脅かす一夫多妻制〔または一妻多夫制〕の傾向を食い止めるのに事実不可欠であり、私たちの社会共同体はこの因子をいつも計算に入れているのである。

一方に「異常な恋着《れんちゃく》と性格の弱さ」、他方に際限のない利己主義、この二つが重なり合うところに性的隷属が起因するとフォン・クラフト゠エービングは考えた。だが、精神分析の経験をもってすれば、こういった単純な説明で満足するわけにはいかない。むしろ認められるのは、打ち克たれることになる性的抵抗が大きく、加えて、抵抗に打ち克つ過程も集中的で一回的であることが決定的な要因である、ということである。それに応じて隷属の状態は、男性よりも女性において遥かに多く徹底したものとして現れるのであるが、しかし男性に関しては、古代に比べて今日の方がより頻繁に生じている。この男性が示す性的隷属に関する研究が行われたところでは、ある特定の女性によって心的な要因による性交不能症が克服され、そのとき以来、当該の男性はこの女性に拘束されてしまい、その結果として隷属状態に陥るということが分かった。奇妙な結婚が数多あり、悲劇的な運命——さらに重大な結末をともなうこともあるが——も少なくないことは、そういった経緯が解明の鍵を握っているようである。

ところで、未開民族は処女性にいかなる価値も置いていないと述べ、娘の破瓜が結婚とは無関係に、また夫婦間での最初の性交渉以前に行われるという証拠を持ち出したところで、これから述べるこうした未開民族の振舞いを正当に記述していることにはならない。反対に、これらの民族にとっても破瓜とはある重要な意義を有する行為ではあるが、あるタブーの対象、宗教的とも呼ぶべき禁止の対象になっていたようである。破瓜は花婿、後に夫となる者のためにとっておかれるのではなく、花婿はその実行を回避するよう、慣習によって求められているのである。[*2]

禁止の慣習が存続していることを証拠立てる文献を網羅したり、慣習の地理的分布状況を追跡したり、どういった形式で慣習が執り行われているかを列挙したりすることが私の本意ではない。したがって、そのような処女膜の除去が後に続く結婚とは無関係に行われているという事実が、今日生存している未開民族のあいだで広範囲に見られることを確認するにとどめたい。クローリー[*3]が述べるように、《この結婚儀礼の中心は、夫以外の誰か任命された者が処女膜を穿つことにある。これは最も低い文化段階、とくにオーストラリアでは一般的なことである[(1)]》。

さて、破瓜が夫婦間の最初の性交の結果に生ずるのでないとすれば、それは事前に――何らかの方法で、誰かの手によって――実行されているに違いない。私はクローリーの右にあげた書物から、これらの点について情報を提

＊1　フォン・クラフト＝エービング「「性的隷属」とマゾヒズムに関する注記」（*Jahrbücher für Psychiatrie und Neurologie*, Bd. 10, 1892）。

＊2　クローリー『神秘の薔薇――未開人の結婚の研究』ロンドン、〔マクミラン社〕一九〇二年、バルテルスとプロース『博物学と民俗学における女性』〔ライプツィヒ、Th・グリーベン社〕一八九一年、フレイザー『タブーと魂の危険』〔『金枝篇』第三版、第二部、ロンドン、マクミラン社、一九一一年〕の多数の個所、ハヴロック・エリス『性の心理学的研究』〔第四巻『社会との関連でみた性』フィラデルフィア、F・A・デイヴィス社、一九一〇年〕[(2)]。

＊3　クローリー、前掲書、三四七頁。

供してくれる数個所を引くことにしよう。もっとも、その個所から、私たちがいくつかの批判的な所見を述べる理由も明らかになろう[(3)]。

一九一頁「(オーストラリアの)ディエリ族とその近隣の種族には、娘が思春期を迎えるとその処女膜を破るという一般的風習がみられる。[*4] ポートランド族、グレネルグ族ではそれは老女の役目であり、時には白人男性に処女剝奪が依頼されることもある[*5]」。

三〇七頁「処女膜を作為的に破るのは幼年期であることもあるが、通例は思春期に行われる……これは――オーストラリアでみられるように――儀式的性交と一緒に行われることが多い」。

三四八頁（有名な族外婚が行われているオーストラリアの種族に関するスペンサーとジレンによる報告[(4)]）「処女膜は作為的に破られる。それから、そこに立ち会っていた男たちは決められた通りの順序に従ってその娘と(ただし儀礼的に)性交する……儀式全体は処女膜穿孔とそれに続く性交という、いわば二幕から成っている」。

三四九頁「(赤道アフリカの)マサイ族では、この処置を施すことは結婚支度の重要な一部になっている。[*6] サカイ族(マレー)、バッタ族(スマトラ)、セレベスのアルフォエル族では、花婿の父親がこれを執り行う。[*7] フィリピンでは、すでに子供のときにこれを依頼された老女の手によって処女膜が破られていない場合は、花嫁の破瓜を生業にする男たちがいた。[*8] エスキモー族の一部ではアンゲコック、つまり祭司に破瓜の役目が任されていた[*9]」。

私が予告しておいた批判点は二点に関する。第一に遺憾に思われるのは、この記述では、性交なしに処女膜をただ破壊することと、その破壊を目的とした性交とが十分に注意深く区別されていない点である。はっきり分かるのはたった一個所、儀礼のプロセスが二つの幕、つまり(手または器具を用いた)破瓜とそれに続く性行為へと切り分けられているところだけである。バルテルスとプロースが提供する資料も、他の点に関しては極めて豊富であるのに、この点を記述するにあたっては破瓜行為の解剖学的結果に目が奪われて、その心理学的意義がすっかり見落とされているために、ほとんど役に立たない。第二に、このような機会において「儀礼的な」性交〔つまり、まったく形式だけの、儀式的で、格式ばった性交〕が通常の性交渉とどの程度異なるのかについて、願わくは知りたいところである。私がここであげることのできた著者たちは、それについて表明することが憚られたか、あるいはここでもまた、そのような性行為の仔細が示している心理学的意義を過小評価したかのいずれかである。旅行者や宣教師たちの元の報告は詳細にわたるものであって不明瞭なところはないことが望まれるが、やはり、現在〔第一次世界大戦の影響によって〕これらほとんどの外国文献を手に入れることができず、そのことについて確かなことは何も言い難い。もっとも、以前の時代には性交は完全なかたちで実行されていて、儀礼的な見せかけだけの性交は、それを代替しているか、もしかするとそれに取って代わるものかもしれない。そのことを考慮に入れるならば、この二

＊4　*Journal of the Royal Anthropological Institute*, 24, 169.〔本文中以下の引用について、GWでは原注に英語原文が掲載されているが、ここでは割愛する。〕

＊5　ブラー・R・スミス『ヴィクトリアのアボリジニたち』第二巻、一八七八年、ロンドン、三一九頁。

＊6　J・トムソン『マサイの大地を抜けて』二五八頁。(5)

＊7　プロースとバルテルス『博物学と民俗学における女性』一八九一年、第二巻、四九〇頁。

＊8　フィーザーマン『人種の社会史』第二巻、四七四頁。(6)

＊9　前掲書、第三巻、四〇六頁。

166 番目の点についての疑問も無視してよいだろう。[10]

こうした処女性のタブーを説明するにあたって、多種多様な要因を引き合いに出すことができる。それらを手短に述べながら検証してみよう。破瓜のさいには、血が流れるのが常である。そこで説明の第一の試みとして引き合いに出されるのは、血を生命の座とみなす未開人のもつ血への畏れである。この血液タブーは性的なものとは一切関係ないさまざまな掟のなかにはっきり現れている。それは明らかに「殺めてはならない」という禁止に関係し、原始の人間が元来有していた血への渇き、殺人快に対する防壁を形成している。このように理解するならば、処女性のタブーはほとんど例外なく維持されている月経タブーと関係づけられる。未開人は月ごとに血を流すという不可解な現象をサディズム的な表象と結びつけずにはおれなかった。月経、とりわけ最初のそれは、ある精霊動物に噛まれた痕として、ことによると、この種の精霊との性的な交わりの徴として解釈される。ある報告によれば、時にこの精霊はある先祖とみなすことも許される。そうすると、私たちは他の諸調査[11]に依拠して、月経中の娘はこの先祖の霊の所有下にあってタブーの対象となる、と理解することができる。

だが別の方面からは、血への畏れという一つの要因からの影響を過大評価してはならないという警告の声がきこえてくる。こうした畏れがあるからといって、当該の民族のなかで一部実行されている男子の割礼や女子に対するもっと残酷な切断(陰核や小陰唇の切除)のような風習が抑えつけられたり、血が流される他の儀礼の重要性が失われたりすることはやはりなかったのである。それゆえ、初めての同衾の際には夫の利益のために血への畏れが克服されていたとしても、驚くにあたらない。

167 第二の説明は同様に性的なものを考慮に入れていないものの、遥かに包括的なものである。それによれば、不安神経症者に関する神経症理論のなかで私たちが主張したのとまったく同じように、未開人は今にも襲いかかろうと絶えず待ち構えている不安の餌食だという。この不安は、少しでも通常の状態から外れるもの、何か新しいもの、予期せぬもの、理解し難いもの、不気味なものを伴うあらゆる機会に乗じて最も激しく襲いかかるだろう。こうした不安に対する備えに由来するのが、遠く後世の諸宗教のなかに取り入れられた儀礼、つまり、あらゆる新しい仕事の始まり、時の新たな節目、人間や動物の初めての出産、初収穫に関わる儀礼なのである。危険が自分に押し迫っていると脅える者にとって、危機的状況の開始時点ほど激しく危険を予期させるものはない。したがってまた、それは危険から身を守るのに唯一相応しい時期でもある。結婚生活の最初の性交渉は、その意義からしても、確かに警戒措置が導入されることを必要としている。血への畏れに拠るものと初物に対する不安に拠るもの、そのいずれの説明の試みも互いに矛盾せず、むしろ互いに強化し合っている。初めての性交渉は、確かにそのときに血が流されなければいけない分だけ一層、憂慮すべき行いなのである。

第三の説明――これはクローリーが好むものだが――は、処女性のタブーが性愛生活全体を包括するある大きな事柄に関連していることに目を向けさせる。女性との最初の性交がタブーであるだけでなく、性交渉一般がタブーなのである。女性というものがそもそもタブーなのだとさえ言わんばかりである。女性は女性という性の生命に由

＊10　結婚儀礼の数多くの他の例では、花婿以外の人間、例えば花婿の介添人や同行者（私たちの仕来りで言えば「クランツェルヘア」）が、花嫁を性的に意のままにすることが完全に認められていたことは間違いない。

＊11　『トーテムとタブー』（一九一二―一三年）〔とくに、（GW-IX 171-174）本全集第十二巻、一八一―一八五頁〕を参照。

来する特殊な状況、すなわち、月経、妊娠、分娩、産褥にあるときにだけタブーなのではない。それ以外にも、女性との交渉は極めて厳格にまた多くの点で制約されているので、私たちは野性人が性的に放縦であるとの思いなしを疑わずにはおれない。未開人の性欲はある特定の機会を得るといかなる抑制をも振りほどいてしまう、というのは正しい。しかし通常、その性欲はより高度な文化段階において見られるよりも、禁止によって強く縛られているように思われる。男は探検、狩猟、出陣など何か特別なことに着手するや否や、女性から遠ざかり、とくに女性との性交渉を控えなければならない。さもなくば彼の力は萎えてしまい、失敗が待ち構えているだろう。日常生活の慣習においても、両性をできるだけ離しておこうとする努力がなされているのは見誤りようがない。女たちは女たちとともに、男たちは男たちとともに生活している。私たちの言う意味での家庭生活は多くの未開種族においてはほとんど見られないだろう。ときに両性の隔離が極端になると、一方の性の者は他方の性に属する個人の名前を口外してはならず、女性は特殊な語彙からなる言葉を編み出すほどである。性的欲求が昂じて、こうした隔離の壁は再三にわたって新たに突き破られもする。しかし、相当数の種族においては夫婦の間でさえ家の外で秘密裏に会わねばならないのである。

未開人があるタブーを設ける場合、そこには何らかの危険に対する恐れが感じられている。そして以上のような忌避の掟のなかに、女性に対する根本的な畏怖が表現されていることは否定し難い。もしかすると、この畏怖は女性が男性とは異なっており、永遠に不可解にして神秘的、異様でそれゆえに敵対的に見えることにその根をもっているかもしれない。男性は女性によって弱体化され、その女性らしさに感染して使いものにならなくなるのを恐れている。弛緩させる、緊張を解くといった性交のもつ作用は、こうした危惧を抱かせる原型となっているかもしれない。また、女性が性的交渉を通して男性に及ぼす影響に感づいたり、この影響によって女性が男性から思いやりを奪い取ったりすることで、こうした不安の拡大は正当化される。これらすべてのうちで、廃れてしまったものは何もなかろうし、今日の私たちのなかにも息づいていないものはない。

現在生存している未開人を観察する多くの者はこう判断を下している。つまり、未開人の性愛の追求は比較的弱く、私たちが文明人のなかに見慣れている強度にまで達することは決してない、と。こうした見積もりに反対する人もいるが、いずれにしても前述したタブーの慣習が示しているのは、女性を異様なもの、敵対するものとして遠ざけることによって性愛に反抗する何らかの力が存在することである。

精神分析で用いられる術語系とさして変わらない言葉遣いによってクローリーが述べるように、いずれの個人も「《個人孤立のタブー》」によって他の者から隔てられ、他の点では似通っていてもまさに僅かな違いがあるだけで、疎外や敵対の感情が仲間うちで生じる。こうした考えをさらに押し進め、この「小さな差異のナルシシズム」(7)から敵意が導き出され、それが結束感に抗して有利に戦い、万人を愛せよという戒律を制圧するさまを、私たちは見たい誘惑にかられる。このナルシシス的な、多くの場合女性蔑視に置き換えられた男性による女性の排斥の理由解明については、精神分析は、去勢コンプレクスとその女性評価への影響に目を向けることで、その主要な部分を言い当てたと自認している。

ところで、考察をここまで進めてみると、私たちは元々の主題から遥かにはみ出してしまったことに気づく。女性タブーという一般的なものからは、一個の処女の娘との最初の性行為についての特殊な掟について何ら光明をみいだせない。残るは血への畏れ、初物への畏れという最初の二つの説明を頼りにせざるをえないが、この二つでさえ、も、問題となるタブーの戒律の核心を衝いているとは言い難い。このタブーの根底には、最初の性行為から切り離すことのできないものを、ほかでもない夫となる者には与えまい、あるいは免れさせようとする意図が横たわっていることは誰の目にも明らかである。私たちが導入部で述べておいたように、この同じ性関係によって、女性がこの一人の男性と特別に結びつくことが結果するにしても、である。

タブーの掟の起源と究極の意味を究明することがここでの課題ではない。それはすでに拙著『トーテムとタブー』〔本全集第十二巻〕においてなされており、そこで私は、タブーが形成される条件となる根源的な両価性《アンビヴァレンツ》について考察し、タブーの起源は人類に家族というものを創らせるに至った先史の出来事に由来する、という考えを擁護した。今日、未開人のタブー慣習を観察しても、そのような元来の意味をもはや認めることはできないだろう。そうしたものを求める際に私たちがどうしても忘れがちなのは、最も未開の民族も、同様に、原始の時代から遥かに隔たった文化に生きており、年代としても私たちの文化と同じくらい古く、たとえ別種の発展を経ているとしても、後期の段階にある、という点である。

今日、私たちが、未開人におけるタブーを見れば、それが技巧の凝らされた体系にまで作り上げられていて、神経症者が恐怖症というかたちで発展させるのとそっくりであり、また、古い動機が新たに互いに響き合う調和のとれたものに代替されているのが分かる。そこで、そのような発生論的問題を脇に置いておくとして、何らかの危険を感じて恐れる場所に、未開人はあるタブーを設けるという考察に戻ろう。このような危機は、一般的に言って心的なものである。というのも、未開人は、私たちの目には不可避なものに映る二つの区別を行う必要に迫られないからである。未開人は物理的な危険を心的なそれから分かたず、また現実の危険と想像上のそれを区別しない。

隅々にまでアニミズム的な世界観が貫徹されている未開人にとっては、確かに、自然の力によって脅かされる危険も、他の人間または動物によって脅かされる危険も同様、どんな危険も自分たちと同じく心をもった存在の敵対的な意志に由来する。ところが他方で、彼は自分の内に蠢《うごめ》く敵対心も外界へと投射し、したがって不愉快、あるいはただよそよそしいと感じられる対象にその敵意を帰することに慣れている。そして、女性もまたそのような危険の源としてみなされ、女性との初めての性行為はとりわけ大きな危険として際立っている。

もし、私たちの文化段階において生活している今日の女性が同じ状況下でどう振舞うかを詳しく調べてみると、このような精神的危険とは何であり、それが夫となる者になぜ迫ってくるのかという点について、いくつかの示唆が得られるだろうと私は信じる。先にその調査の結果を述べておくと、そのような危険は実際に存在し、したがって未開人は処女性のタブーによって危険を正しく予感し、心的なそれから自らを守っている、ということになる。

女性が性交の後に満足の絶頂に達して男性を抱きしめ、彼女自身に押しつけるさまを、私たちは通常の反応とみなし、そこに彼女の感謝と永続的な隷属への承認が表現されていると考える。しかし、私たちが知るように、最初の交わりにおいてこのような振舞いが必ず見られることは決してない。むしろ最初の性交は女性にとってはただ幻滅しか意味せず、女性は冷めたまま不満足に終わることが非常に多い。そして、性行為によって女性もまた満足を得られるようになるには、通常もっと長い期間が必要で、性行為が何度も繰り返されなければならない。不感症が最初のうちだけで、すぐに過ぎ去ってしまう場合から、夫がどんなに情愛をもって努力をしても不感症を乗り越えることができず、それが続いて止まない、という不都合な結果に至る場合まで、さまざまな例が連続している。私が思うに、女性の不感症はまだ十分には理解されておらず、夫に十分な能力がないことに原因を帰せざるをえない場合は別にして、可能であれば不感症に似通った現象を通してその解明がなされるべきである。

女性が初めての性交渉を前にして逃亡を試みるという、しばしば繰り返される事柄をここで引き合いに出すのは控えたい。なぜなら、それについてはさまざまな解釈がなされるし、また第一に、すべてがそうだというわけではないが、女性一般に見られる防衛追求の傾向が現れていると理解されるからである。その代わりに、ある症例が女性の不感症に関して一条の光を投げかけると私には思われる。その症例では、妻は最初の性交の後に、それどころか毎回の性交の度ごとに、夫を罵倒し、拳を振り上げるか実際に殴るかして、夫に対する敵意を剝き出しにする。この種のことがはっきりと現れている一症例を私は詳細に分析することができた。そこでは、妻は夫をとても愛し、性交を自ら望むのに慣れており、性交中に高い満足を得ているのが間違いないのにかかわらず、先のようなことが起きていた。こうした奇妙で極端な反応は、通常は不感症としてのみ現れるものとまったく同じ欲動の蠢き[8]、つまり、自ら力を発揮することのないまま、情愛ある反応を抑止することのできる蠢きの結果であると思われる。これに比べてずっと頻繁に生じる不感症の場合には制止作用と一体となっているものが、この症例では、いわば二つの構成成分に分解されており、その様子は、強迫神経症のいわゆる「二面的」な症状として以前から認められてきたものに極めて似通っている。女性の破瓜によって生ぜしめられる危険は、女性の敵意を我が身に引き受けることであろうし、夫となる者はまさしく、そのような敵対関係を免れるだけの十分な理由があることになろう。

この相矛盾する振舞いを探ることで不感症が解明されると私は期待している。精神分析は、女性のなかのどの欲動の蠢きがこの振舞いを生じさせるのに関与しているのかを難なく言い当てることができる。初めての性交は一群の欲動の蠢きを始動させるが、それらは望まれる女性的な態度が生じるのに役に立たず、そのいくつかはその後の性交渉にさいしても再び利用されることはない。まず最初に思いつくのが、破瓜によって娘に加えられる痛みであるが、ややもすればこの要因を決定的なものとみなし、他のものを探し求めるのを諦めてしまいがちである。しかし、単純にそうした意味をこの痛みに与えることはできない。むしろその代わりにナルシス的毀損が当てられるべきである。この毀損はある器官が破壊されたことをきっかけに生じ、さらに、破瓜によって性的価値が低められることを知るなかに合理的な代理を見つけ出す。未開人の結婚慣習には、しかし、そのような過大評価に対する警告が含まれている。私たちがすでに見た通り、いくつかの場合において、儀礼は二つの局面からなっている。処女膜が（手か道具かによって）貫かれて引き裂かれた後、公式の性交か見せかけの性交が夫の代理人によってなされる。このことは次のことを示している。タブーの掟が意味するものは、解剖学的な破瓜を回避するだけでは満たされない。痛ましい負傷に対する妻の反応以外のもっと別のことを夫に免れさせなければならないのである。

初めての性交が幻滅させるさらなる理由として、少なくとも文明人女性にあっては、初めての性交では期待とそれを満たすものが一致しえないことが見出される。それまでは性的交渉は禁止と最も強く結びつけられていたので、合法的で認められた性交となったとはいえ、それが同じ性交として感じられない。現実にはその必要もなく抗議など予想されないのに、非常に多くの花嫁たちが新しい愛の関係を他の誰にも、実際両親に対してさえ秘密にしようと試みる事実から、この結びつきがいかに緊密なものであるかが、ほとんど滑稽とも言えるしかたで明らかとなっている。もし誰か他の者に知られてしまうと、彼女にとっての愛の価値は失われてしまうと娘は明言する。ときおりこの動機が優勢になりすぎると、結婚生活における性愛能力の発展が妨げられることもある。妻は自身の情愛豊かな感受性を再び見出すことができるのは、ある禁じられた秘密にすべき関係にであって、そこでは彼女だけが彼女自身の意志が何にも妨げられずにいることを確実に知っているのだ。(9)

しかしながら、この動機もまた十分に深くまでには届かない。そのうえ、文化的条件に縛られてしまうために、未開人の置かれる状態との十分な関係が失われてしまう。それだけいっそう、リビードの発展史に基づく次の要因の意義は大きい。その最も初期におけるリビード収容がいかに規則的に行われ、どれだけ強力であるかについては、精神分析の努力によって周知のこととなっている。そこで重要なのは、幼児期に拘留された性的欲望である。女性の場合は、大抵は父親に対して、あるいは、その代替となる兄に対してなされるリビードの固着が重要となり、欲望はしばしば性交とは別のものに向かうので十分か、それともぼんやりと認められる目標として性交が含まれていればよい。夫はいわばつねに代替者にほかならず、本物の対象ではない。妻の性愛能力への第一の歩みはある別の者、典型的な場合は父親であり、夫はせいぜいのところ二番手である。代替としての夫が満足のいかぬ者として拒絶されるかどうかは、この固着がどれだけ強力であり、どれだけ粘り強く保持されるかにかかっている。したがって、不感症は神経症を発生させる条件下に置かれている。妻の性愛生活において心的な要素が強力であればあるほど、最初の性行為における衝撃に対して分配される彼女のリビードはいっそう強く抵抗を示すものとなり、彼女の肉体を占有する力もそれだけ効果をもたなくなる。その場合、不感症は神経症的制止として定着するか、あるいは別の神経症の発生の下地となるかもしれない。さらに、その際には男性の能力低下がそれほど顕著でなくても、神経症を助長するものとして問題になる。

破瓜を最年長者、祭司、聖職者、したがってある父の代替者〔前述参照〔本巻七四頁〕〕に委ねる未開人の慣習は年少期の性的欲望の動機を考慮に入れているように思われる。ここから、議論の的となる中世の領主の初夜権にまっすぐ道が繋がるように私には思われる。A・J・シュトルファー[*12][10]もこれと同じ見解を支持しており、さらに彼は、彼に先行するC・G・ユング[*13]と同様に、「トビアス結婚」という広く行われている仕来り（最初の三夜のあいだは禁欲するという風習）を家父長のもつ特権を承認するものとして解釈した。破瓜の役目を委任された父親代償物のなかに神の像を数え入れるのならば、それはまさしく私たちの期待に応えるものである。インドのいくつかの地方では、新婚の女性は処女膜を木製のファルス像[11]に捧げなければならず、聖アウグスティヌスの伝えるところによると、（当時の？）ローマの結婚儀礼のなかに同じ風習が弱められたかたちで存続しており、それは、新妻がプリアプスの巨大な石のファルスの上に座りさえすればよいというものだった[*14]。

さらに深い層にまで遡るもう一つの動機は、明らかに、夫に対する相矛盾する反応の主要原因をなしており、私見によれば、その影響は妻の不感症にまでも現れている。初めての性交によって、女性のうちには女性の働きや役割一般に抵抗するさらに古い別の欲動の蠢きが働き始める。

多くの神経症の女性を分析することによって、彼女らは兄弟の男性らしさの徴を羨み、それが自分には欠如して

＊12　「父親殺しの特殊な位置について」一九一一年（『応用心理学叢書』第十二巻〔ライプツィヒ-ウィーン、F・ドイティケ書店〕）。

＊13　「個人の運命に対する父親の意義」（*Jahrbuch für Psychoanalyse*, I, 1909,〔155-173〕）。

＊14　プロースとバルテルス『博物学と民俗学における女性』第一巻、第一二章、デュロール『生殖の神』パリ、一八八五年（一八二五年版の再販）、一四二頁以降[12]。

いること（本来は縮小していること）を理由に自分が不利である、侮辱されていると感じながら、幼少の時期を耐え忍んでいることを私たちは知っている。この「ペニス羨望」を私たちは「去勢コンプレクス」のうちに分類する。もし「男性的」という言葉が男性になりたいということを意味すると理解するなら、この要因が神経症一般を引き起こすと宣言するためにアルフレート・アードラー(13)が生み出した「男性的抗議」という名称がこの振舞いには相応しい。この段階では、娘たちは優遇されている兄弟に対する羨望とそれに由来する敵対心を隠そうとしない。彼女らが信じるように同じ権利を持っていると主張するために、兄弟と同じように立ったまま小便をしようと試みもする。他では夫を愛しているのに性交の後に彼に対して無条件に攻撃を行うというすでに言及した症例のなかで、私はこの時期が対象選択に先立って存在したことを確認することができた。少女のリビードは後になって初めて父親に向けられ、それからペニスの代わりに彼女が欲望するようになるのが、子供なのである。*15

他の症例を見ればこれらの欲動の蠢きが生じる順序が逆になっていて、対象選択がなされたのちになって初めて去勢コンプレクスのこの部分が働き出したとしても、それは驚くに値しない。しかし、男の子のペニスを羨むという女性の男性的時期は、いずれにしても〔リビードの〕発展史としてはより初期の段階であって、対象性愛よりも最初のナルシシズムの近くに位置している。

しばらく前に私は、破瓜に対する反応と認められる新婚女性の夢を〔分析して〕理解する機会に恵まれた。その夢は新郎を去勢し、そのペニスを自分のためにとっておきたいという女性の欲望をありのまま打ち明けていた。もっとも、性行為の時間を長くし、もっと繰り返してほしいという欲望が現れているという害のない解釈の余地もあった。ただし、夢の細部にはこのような意味をはみ出すものがいくつもあり、そしてこの夢を見る女性の性格やその後の振舞いを見ても、より慎重に理解されるべきものであることが証拠立てられている。このようなペニス羨望の背後には、男性に対する女性の敵意に満ちた憤懣が姿を見せている。それは両性の関係のなかで一度たりとも見誤られることはなく、「解放された」女性たちの努力や文芸作品のなかにもはっきりとその前兆が見出される。フェレンツィは、彼が最初の者かどうか私の知るところではないが、古生物学的な思弁によって、こうした女性の敵対心の起源は両性が分化する時代まで遡るのだとしている。彼によれば、当初は同種の二個体の間で交接が行われていたが、そのうち一方がより強い個体へと発達し、弱い方に性的結合に耐えるよう強いた。この屈従状態に対する憤懣が今日の女性の素質にまで存続している。このような思弁を用いてみるのも、その過剰評価が避けられるのであれば、異議の差し挟まれるものではないと私は考える。

不感症のうちに痕跡を残しながら継続している、破瓜に対する女性の矛盾した反応の動機をこのように列挙してみると、次のように総括することができるだろう。つまり、女性の未完成な性欲が彼女に性行為を初めて教える男性に向かって爆発する、ということである。そうであるならば、処女性のタブーも十分に目的に適ったものであり、この妻と長らく続く共同生活に入るはずの夫に、まさしく以上のような危険を回避せよと命ずる掟を、私たちは理解することができる。高度な文化段階においては、この危険の重大さは、隷属の約束や他の動機や誘惑に比べて後退している。処女性も、夫が決して放棄しない財産とみなされる。しかし、結婚生活を妨げる要因を分析すること

＊15　「欲動変転、特に肛門性愛の欲動変転について」(*Internationale Zeitschrift für ärztliche Psychoanalyse*, IV, 1916/17,〔125-130〕)〔本全集第十四巻〕。

で分かるのは、女性に破瓜に対する復讐を企てさせようとする動機が、文明人女性の心の生活においてもまったく消え去ってはいないということである。最初の結婚では不感症のままで不幸と感じていたのに、この結婚が解消した後、二番目の夫には情愛深く、夫を幸福にする妻になるという場合がどれだけ並外れて多いか、見る者の注目を引くにちがいないと思う。太古からの反応はいわば最初の対象において消尽してしまったのである。

それは別としても、しかし、処女性のタブーは今日の文明生活のなかで消滅してしまったのではない。その消息は民衆の心のなかで知られており、作家は折りをみてこれを素材として利用してきた。アンツェングルーバー(14)の喜劇のなかでは、お人好しの百姓の息子が「最初の夫の命を奪う小娘だ」という理由から、許嫁の娘と結婚するのを思いとどまる様が描かれている。彼は彼女が誰か別の男と結婚するのを認め、彼女が未亡人となってもう危険でなくなったら結婚する。『生娘の毒』〔一八七八年〕というこの作品名は、蛇使いがまず毒蛇にハンカチを嚙ませ、危険なく蛇を操るという話を思い起こさせる。*16

処女性のタブー、そしてそれに動機づけられた部分は、よく知られた劇中の人物、ヘッベル(15)の悲劇『ユーディットとホロフェルネス』〔一八四〇年〕のユーディットのうちに最も強力に描かれているのが分かる。ユーディットはタブーによって処女であることを守られている女性の一人である。最初の夫は新婚初夜に、不可解な不安に襲われて身体が麻痺してしまい、もはや二度と彼女に触れようとしない。「私の美しさはベラドンナ(16)の美しさです。これを味わう者には狂気と死の餌食がもたらされます」と彼女は言う。アッシリアの将軍が彼女の町を攻め立てた際に、彼女はおのれの美で敵将を誘惑し堕落させようと計画を立て、そうして自分の性的動機を隠すために愛国的な動機を利用する。自身の力と容赦なさを誇るこの強大な男に処女を奪われた後、彼女は憤激のあまりに力を得て男の首を斬り落とし、そうして民を解放する者となる。斬首が去勢の象徴的な代替物であることはよく知られている。したがって、私が報告した新婚女性の夢が望んだのと同じように、ユーディットは自分の処女を奪った男を去勢する女性である。ヘッベルは、旧約聖書の外典中の愛国的物語を明確な意図のもとに性愛化したのである。なぜなら旧約聖書では、ユーディットは帰郷の後に自らの純潔は穢されていないことを誇るのであり、聖書の原文にも、不気味な婚礼の夜に関するいかなる示唆も含まれていない。だがおそらくヘッベルは、作家のもつ繊細な感覚によって、偏向した物語のなかで消え去っていた太古の動機を感じ取り、ただ素材をその元の姿へと修復したのであろう。

I・ザートガー[17]はある優れた分析の中で、ヘッベルが素材を選ぶにあたり自身の両親コンプレクスによってどれほど規定されたのか、またどのようにして彼が両性のあいだの戦いでは決まって女性の側に与するようになり、女性のうちに秘められた心の蠢きに感情移入することができるようになったのかを詳細に論じている。[*17] また彼は、ヘッベル自身が素材に変更を加えた動機としてあげていることも引用し、それが装われたものであり、作家自身には

＊16　A・シュニッツラーの傑作短篇小説『ライゼンボーク男爵の運命』[18]は、描かれている状況は異なるものの、ここに並べるに値する。恋愛の手練《てだれ》たる女優の愛人がある事故で死に、彼は自分の次に彼女を手に入れる男に向けた死の呪いを残して、彼女にいわば新しい処女性を与えた。このタブーを負わされた女は暫く愛の営みに乗り出すことができない。しかし女はある歌手と恋に落ち、何年も自分を手に入れようとしてそれが叶わずにいたライゼンボーク男爵に予め一夜を捧げるという抜け道を手にする。呪いは男爵の身に降りかかる。彼は思いがけない愛の幸運の裏にある動機を知り、卒中で死んでしまうのである。

＊17　ザートガー「病跡学から心理誌へ」(*Imago*, I, 1912)。

無意識のものである何かをただ表面的に正当化しているだけで、根底ではそれを隠蔽するよう仕向けられたものであることを正当にも発見した。聖書では未亡人だったユーディットが、なぜ処女の未亡人に変更されねばならなかったかについて、ザートガーの与えた説明に私は立ち入らない。彼は両親の性交渉を否認し、母親を穢れない処女にする子供の空想《ファンタジー》に見られる意図を指摘している。しかし私が付け加えるのは、作家は女主人公の処女性を確かなものとした後に、その感情を察知する空想によって、処女性を損なわれたことによって喚起された敵意に満ちた反応に寄り添ったのだ、ということである。

そこで、締めくくりとしてこう言ってよいだろう。すなわち、破瓜は、女性を男性に永続的に縛りつけておくという文化的な結果をもたらすだけでなく、男性への敵対心という太古からの反応をもまた解き放つ。その反応は病的な形態をとり、しばしば夫婦の性愛生活での制止現象としてはっきり表現されている。そして、再婚の方が初婚よりもうまくいくことが非常に多い理由も、この反応に帰することが許されるだろう。私たちの目には馴染みのないものに映る処女性のタブー、未開人をして夫に破瓜を回避せしめるこの畏れは、この敵対心を呼び覚ます反応を考慮に入れるならば、完全に正当なものとみなされるのである。

興味深いことに、隷属と敵対という相対立する反応の両方が表現され、互いに密接に結びついたままになっている人妻たちに分析家として出会うことがある。夫との関係が完全に崩壊しているように見えるのに、別れようとする努力がことごとく徒に終わるという女性たちがいる。ほかの男に情愛を向けようとしても、もはや愛していない最初の男の像が制止するように間に割り込んでくる。精神分析によれば、これらの女性はたしかに最初の夫に対して隷属してはいるが、それはもはや情愛に由来するものではない。妻たちは夫から自由になることができない。なぜなら、彼らに対する復讐が完了していないからであり、とくにそれが著しい場合には、復讐心に燃えた欲動の蠢きが一度たりとも意識に上せられてすらいないからである。

（本間直樹 訳）

精神分析療法の道
Wege der psychoanalytischen Therapie

同僚のみなさん！

ご存知の通り、私たちが知識においても能力においても完全無欠であると自慢したことは一度たりとしてありません。これまでもそうであったように、現在もなお、いつも私たちは洞察の至らぬところを認め、新しい事柄を学び覚え、改善すべき点があればやり方をあらためるのにやぶさかではありません。

私たちは散り散りになり、長くてつらい年月を耐え忍んだ後、こうして再び一堂に会することになりました。私たちは〔精神分析〕療法のおかげで社会における地位を確かなものとしたわけですが、今こそその足場を見直し、この療法が新たにどの方向に展開してゆくのか、この目で見据えたいと思わずにはいられません。

私たちは分析医としての課題をこう掲げました。すなわちそれは、神経症患者のうちに無意識の抑圧された蠢《うごめ》きがあることを本人に知らせることであり、またその目的のために、自分自身についての知がそのような仕方で拡大することに対して患者の内部に抵抗が生じているのを暴き出すことです。こうした抵抗が暴露されるのにともなって、抵抗の克服もまた保証されるのでしょうか。確かにいつもそうだとは限りません。しかし私たちは、患者が分析医その人への転移を引き起こすのを利用することによって、この目標を達成させようと望みます。幼年期に生じた抑圧過程は目的をもたずにおり、そして、快原理に従って生きようとしてもそれは貫徹不可能であるという、私たちの確信を患者本人のものとするためにです。私たちは患者を新しい葛藤へと導き、この葛藤を患者のもとで病状を起こしていた古い葛藤の代わりに据えるのですが、この新しい葛藤の力動論的関係〔比〕については私は別のところで明らかにしました。(1) それについては目下のところ、何も変更すべき点はありません。

患者のなかの抑圧された心〔の蠢き〕を意識に上せる作業を私たちは精神分析と名づけました。どうして「分析」なのでしょうか、解体、分解を意味し、また、自然のなかに見出され、実験室に持ち込まれる物質に対して化学者が行う作業との類比を想い起こさせるこの言葉なのでしょうか。なぜなら、ある重要な点において実際にそのような類比関係が成り立つからです。患者が見せるもろもろの症状、病的な表れは、患者の心の活動すべてがそうであるように、複雑に合成されたものであり、こうした合成物の要素は、根底では、動機であり、欲動の蠢きなのです。しかしながら、患者は基本的動機について何も知らないか、知っていたとしてもそれはとても不十分なものです。そこで私たちは患者がこうした高度に錯綜した心の形成物の合成を理解できるようにし、症状を、その動機となっている欲動の蠢きに還元し、患者にとってそれまで気づかれずにいた欲動動機を症状のなかに検出します。それは、他の元素と結合して見分け難くなっていた元素、化学的要素を化学者が塩類から分離させるのと同じです。また同様に、患者にとっては病気だとみなされていない心の表れについても、その表れを動機づけているものは本人には不完全にしか意識されておらず、本人が知らずにいる他の欲動動機がそれらの動機と一緒に作用したのだと私たちは患者に知らせます。

人間の性的追求を解明するにあたっても、同様に私たちはそれをいくつかの構成成分に分解しました。そして、ある夢を解釈するに際しても、夢の全体像には触れないまま夢を構成している個々の要素に連想を結びつけるというやり方をとりました。

医学的な精神分析の行いが一種の化学者の作業とこのように比較されることが正当であるならば、さらにそこから私たちの療法がある新しい方向へ歩み出すきっかけが与えられているようにも見えます。私たちが患者を分析したというとき、それが意味するのは、患者の心の活動をその要素となっている成分へと解体し、これら欲動成分を一つ一つ個別に患者のうちに見つけ出したということです。ならば、それらの成分が新しくしかもよりよい仕方で合成されるべく私たちが患者に助力せねばならないと、求められて然るべきでしょうか。ご承知のように、こうした要望は現に掲げられています。私たちが耳にするのは、病的な心の生活を分析した暁には、その総合がなされねばならない！　という声です。そしてほどなくそれに続いて、私たちは分析をやり過ぎることはあっても、総合することはあまりに少ないという危惧の念が沸き起こり、やがては、精神分析が与えるべき効果の重点をこの総合の方に移す、つまり、いわば生体解剖によって解体されたものをどうにか復旧させることに移す努力をしよう、ということになるわけです。

しかしながら、みなさん、この精神総合なるものの方向に私たちの新しい課題が見えてくると私には信じることができないのです。もし、非礼を承知で率直に言うことをお許しいただけるならば、私はこうも言いえたでしょう。それは考えなしの台詞ではないか、と。ですが私は、ある点での比較を内実を欠いたまま過剰に拡大している一例、あるいは、こう言ってよければ、ある命名の仕方を不当にも悪用している一例だと言うにとどめたいと思います。無論、名前というものは、他の似た物から区別するために貼られるラベルでしかなく、プログラムでも、内容説明でも、定義でもありません。そして比較ということも、比較されるものにただ一点においてのみ触れていればよく、他のすべての点では遠く隔たっていてもかまいません。心的なものは唯一無比の特別なものであり、その性質をたった一つの比較によって描き出すことはできません。精神分析の仕事は化学的分析との類似点をいくつか見せますが、しかし同様に、外科医の手術や整形外科医の手技、教育者の感化との類比も成り立ちます。化学的分析との比較に限界が生じるのは、心の生活においては、私たちは一体化や統合に向かわせる強制に屈してしまう追求志向に対処しなければならないという点においてです。一つの症状を分解し、一つの欲動の蠢きをある関連から解き放ったとしても、それは孤立したままではおらずに、直ちにある新しい関連のなかに入って行きます。[*1]

いや、それどころではありません！　神経症の患者が私たちに見せるのは、分裂し、抵抗によって裂け目が幾重にも走った心の生活です。私たちがそれを分析し、抵抗を取り除いているうちに、この心の生活はともに生育し、私たちが患者の自我と呼ぶ大きな統一が、それまでは分裂し、隔離されたままであったすべての欲動の蠢きを順応させます[2]。分析治療において精神総合は私たちの介入なしに、自動的に不可避的に行われます。症状の解体と抵抗の除去を通して、私たちはそうした総合が行われる諸条件をつくりだしているのです。患者の内部で何かがその構成部分に分解されて、私たちが何らかの仕方で合成するまで静かに待っているということは、正しくないのです。

したがって、私たちの療法の発展はおそらく別の方角へと進路をとるでしょう。とりわけ、最近、「ヒステリー分析の技法上の難しさ」に関するフェレンツィの研究（一九一九年）のなかで彼が分析医の「能動性」と名づけた方向へと[3]。

この能動性のもとで何を理解すべきであるのか、私たちはすぐさま一致を見るでしょう。私たちは治療の課題を二つの内容によって輪郭づけました。つまり、抑圧されたものの意識化と抵抗の発見です。なるほど、それで私たちは十分に能動的です。しかし、私たちが患者に示してみせた抵抗を患者が独力で克服するのに任せてよいのでしょうか。そのとき、患者が転移を原動力として経験すること以外に、私たちが手助けできることはないのでしょうか。むしろ、葛藤が望むような仕方で始末されるのに最も都合のよい境遇に患者を置くことで、患者を助けることになるのは明らかではありませんか。患者がなしうることはやはり、患者を取り巻いているいくつもの外的状況にもまた依存しています。適切な仕方で私たちが介入することによってこうした状況を変えるのを躊躇すべきでしょうか。私が思うに、分析治療を行う医者がそのように能動的になることは、疑いの余地のないことであるし、まったく正当でしょう。

お気づきのように、分析技法の新たな領域が私たちの前に開かれており、その技法を仕上げるためには細かい点まで努力が必要とされ、やがて明確な規則がもたらされるでしょう。私は、今日みなさんにこの発展途上の技法を紹介しようとは思いませんが、この領域を支配することになるであろうある根本命題を掲げることで満足したいと思います。それはこういうことです。分析治療は、可能な限り欠乏状態――禁欲状態――において遂行されるべきである、と。[4]

これを堅持することがどこまで可能であるのか、そのためには詳細な議論を俟たねばなりません。しかしながら、禁欲ということで、どんな満足をも欠いている状態が理解されるべきではありません。それはもちろん実行不可能

＊1　化学的分析においても、やはりまったく類似したことが生じる。化学者が強制的に分離させるや否や、物質の親和性や親和力が自由に働くために彼が望んだわけではない総合が生じる。

ですし、通俗的な意味で、性的交渉を控えることを意味するのでもありません。それは、病気にかかり、回復するという力動論により深く関係するさらに何か別のことを意味します。

みなさんは、〔欲望成就が〕不首尾[5]に終わることによって患者が病気になったこと、そして患者の示す症状は、代替満足としての役目を果たしていることを覚えておられるでしょう[6]。治療のあいだ、患者を悩ませている病状が改善されればされるほど、回復のテンポは遅くなり、快癒へと駆り立てる欲動力が弱まっていくのを観察することができます。とはいえ私たちは、この欲動力を手放すわけにはいきません。この力が弱まることは、私たちの治療目的にとっては危険です。すると私たちはどのような結論を下さざるをえないでしょうか。残酷に聞こえますが、治療効果が保たれるのを見計らいながら、患者の苦しみが時期尚早に解消に向かわないよう気をつけなければなりません。症状が分解され、無効になることによって苦しみが軽減したならば、別のところにそれを再び復権させ、なんらかの欠乏状態を感じさせなければなりません。さもなければ、回復過程も大きな進展を見せず、停滞したまま頭うちになる危険を冒すことになるでしょう。

私の見る限り、この危険はとくに二つの方面から迫ってくるようです。一方では、患者は、病気であるという状態が分析によって揺るがされて、苦痛という特徴が差し引かれ、症状に代わって新しい代替的な満足を与えてくれるものを確保しようとせっせと努力します。患者は、部分的に解放されて、大幅に遷移可能となっているリビードを利用し、ありとあらゆる行動、偏好、習慣、また、以前存在していたものにさえもリビードを備給し、それらを代替満足にまで高めます。患者は再三にわたって新しくそのような気晴らしを見つけては、治療の実施に必要なエネルギーを干上がらせ、そのことをしばらくは隠しておきます。このような回り道をすべて嗅ぎ出し、満足を得させる行いがそのものとしてはいかに無害に見えようとも、毎度患者にそれを諦めるよう求めることが私たちの務めです。回復途上の患者にかぎって、まあ害なしとは言えない道を選び、例えば、もし男性である場合は、拙速にある女性と結びつこうとしたりするものです。通りすがりに述べておきますと、不幸な結婚や身体的衰弱などは最も使い古された神経症の弁済法です。これらは、多くの患者をしぶとく神経症に縛り付けている罪意識（懲罰欲求）をとりわけ満足させます。結婚相手を選ぶのをしくじることで自分自身を懲罰するのです。長いあいだ器質的な病を患っているのは運命の咎なのだと受け止め、それで諦めがついて神経症がはたと止むのもしばしばです。

分析医の能動性とは、これらいかなる状況においても、拙速な代替満足に決然として介入するかたちで発揮されなければなりません。しかし、分析医にとってより容易なのは、分析を推進させる欲動力を脅かす、第二の、決して過小評価できない危険に対して抗議することとです。とりわけ患者は治療のなかで医者への転移関係にさえ代替満足を求め、それどころか、このやり方を採ることで、それ以外の仕方では彼に課せられるすべての〔満足の〕断念に対する埋め合わせをしようと努める可能性があります。確かに、症例の性質や患者の個性によっては、多かれ少なかれ、いくらかは患者に認めざるをえません。しかしそれが多すぎるのはよくありません。もし分析家として、その助けになりたいという溢れんばかりの気持ちから、人間が他人から望みうるものすべてを患者に与えようなら、その人はこの国の精神分析を行わない神経療養所が犯しているのと同じ、経済論的な誤りを犯すことになります。これらの施設は可能な限り患者に快適になるよう努めるばかりで、それにより患者はそこを居心地よく感じ、喜んで人生の諸困難から逃れてそこを避難所にしてしまいます。そうなると、患者が人生に対してより強靭になる、患者の本来の課題に立派に取り組むようにするのを放棄することになります。精神分析の治療においては、このような甘やかしはいずれも避けられなければなりません。患者と医者との関係について言えば、患者には満たされないままの欲望が相当に残されているべきなのです。患者が最も激しく欲望し、のっぴきならないしかたで表現していることの満足が、患者にとって不首尾に終わることは目的に適ったことなのです。

「治療においては、欠乏状態が維持されなければならない」という命題によって、分析医に望まれる能動性のすべてが汲み尽くされたと私は考えるわけにはいきません。分析家の能動性の別の方向性については、みなさんが想い起こされるように、かつて私たちとスイス学派の間で争点となりました(7)。私たちがきっぱりと拒んだのは、救いを求めて私たちのもとに来た患者を、私たちの私有物にし、患者の運命を患者のために定め、私たちの理想を患者に押しつけ、高慢な創造主のごとく、私たちの似姿に患者を仕立て上げて大いに満足する、という行いです。私はこの拒否の姿勢を今もなお固く保持していますし、この姿勢こそが、医者としての慎重さに相応しいものであり、そこを越え出ると別の関係に踏み入れるにちがいないと考え、また患者に対してそこまで踏み込む能動性は治療の意図からしてまったく必要ない、ということも経験から学びました。というのも、私は、人種、教育、社会的地位、世界観のいずれの点でも共通のものによって結ばれていない人びとを、その人たちの固有のあり方を損なうことなく、援助することができたからです。もっとも私はその論争の当時に受けた印象では、私たちの代弁者——その第一線にいたのはE・ジョーンズ(8)だったと思います——の反論は、あまりに素っ気なく無条件なものでした。不安定で生活能力もないため、分析と教育の双方による影響が結び合わされる必要のある患者たちをもまた私たちは受け入れなければなりません。またその他大勢の患者たちに対しても、医者が教育者と助言者として振舞わなければならない機会があちこちで生じるでしょう。しかしこうしたことはいつも、相当の配慮をもってなされるべきであり、患者は私たちと類似したものに向かってではなく、患者自身の本質の解放と完成に向かって導かれるべきです。目下のところ、〔戦争のために〕私たちと非常に敵対的な関係にあるアメリカにいる、尊敬すべき友、J・パットナムは、精神分析がある特定の哲学的な世界観のために役立てられ、自身を陶冶することを目的に患者に強制を課すべきだと述べていますが、彼のこの要求を受け入れることがやはりできないとしても、彼は私たちを許してくれるに違いありません。たとえ高尚な意図という衣を纏っているにせよ、それはやはり強引なやり方であると言いたいのです。(9)

私たちの取り扱う病気が多種多様な形態をとっており、同一の技法によって解決することはできない、という洞察が徐々に深められることにより、最後に、まったく別種の能動性が私たちには必要となっています。これについて詳細に述べることは時期尚早でしょうが、しかし、二つの事例を見ることである新しい能動性がどの程度考慮に入れられるのかを、説き明かすことができるでしょう。私たちの技法はヒステリーの治療とともに成長し、今も常にこの障害の治癒のために向けられています。しかしすでに恐怖症のおかげで、従来のやり方を越え出ざるをえなくなりました。分析によって患者が恐怖症を放棄したくなるまで待っていたのでは、恐怖症を御することはほとんどないでしょう。それでは患者が、恐怖症を確実に解消するために欠かすことのできない材料を分析の場に持ち込むことはないのです。もっと別の方向に進まなければいけません。広場恐怖症患者の例を取り上げてみましょう。これには二種類あって、一方は軽症のもの、もう一方は重症のものです。前者の場合、確かに一人で道を歩いていると決まって不安に襲われて苦しくなりますが、だからといって一人で歩くのをまだ諦めてはいません。もう一方は一人で歩くのを断念することで、不安から身を守ります。後者の場合、分析の影響による成果があげられるのは、この患者が軽症の恐怖症患者のように振舞い、つまり道を歩き、それを試みている間は不安と闘う気になるように、この患者を仕向けることができた場合だけです。したがって、まずは恐怖症をそこまで緩和させる気にならせるのです。そして、医者の要求によってそれが達成されたときにはじめて、患者は恐怖症の解消を可能にする思いつきや想起を手に入れることができるようになります。

ただじっと待つということは、強迫行動がひどく現れるような症例ではあまり賢明なことに思われません。実際、一般的にこうした例は「漸近的」な治癒過程、つまり終わりのない治療の継続になりやすく、その分析を行い非常に多くのことを暴露しても何も変えない恐れが常に生じます。この場合、治療そのものが強迫となるまで待ち、そしてこの対抗強迫が病気の強迫を力ずくで抑えつけるというのが、正しい技法であろう、と私には疑いなく思われます。しかし、私がこの二つの例を通して、私たちの療法が向かっている新しい発展の方向についての見本をみなさんに提示したことがお分かりになったでしょう。[10]

そこで結論として私は未来に繋がるひとつの状況を視野に収めておきたいと思います。その未来はみなさんの多くには空想的であると思われるでしょうが、私が思うに、それでもこの未来は考慮に入れて備えておくに値するものでしょう。ご存知のように、私たちが治療にとってあげられる効果はそれほど大きいものではありません。私たち分析医の数は一握りにすぎず、私たちのうち誰しもが全力を尽くして作業に取り組んでも、一年を通して僅かばかりの患者の治療にしか貢献できません。神経症のもたらす惨めさは世界中に溢れるほど広がり、本来そうあってはならないのですが、それに対して私たちが減らすことができる数は取るに足りないものです。それ以外にも、私たちの生活の必要条件上、私たちの治療活動は社会の裕福な上流階層に限定されています。こうした人たちは医者を自分で選ぶのを常としていて、その選択も精神分析に対するありとあらゆる偏見によって歪められています。ひどく重症な神経症に苦しむ一般の民衆層に対しては、私たちは今のところなすすべがありません。

さてそうすると、何らかの組織の力で、私たち分析医の数がより多くの人びとに治療が行き届くほどまで増加するに至ると想定してみましょう。または別の見方をすれば、いつか、社会の良心が目覚め、社会の人びとに対してこう忠告する日が訪れるのを予見することもできるでしょう。つまり、貧しい人たちが、外科医による人命救助の手が差し伸べられる権利をもつのと同じように、心〔の病〕への援助を得る権利をもつべきだと、そして、神経症は結核に劣らず公衆の健康を脅かしており、それと同様に、民衆からの個々人による無力な援助に任せられてはならない、と。もしそうなれば、精神分析の教育を受けた医師が雇用された施設ないしは診療所が設置され、その結果、さもなくば飲酒癖に陥っていたであろう男性や、〔欲望を〕断念する重みに耐えきれず崩れそうになっている女性、粗暴になるか神経症に陥るかの二者択一が目の前に突きつけられている子供たちは、精神分析によって抵抗する力や働く力を手に入れることができるでしょう。こうした治療は無料で受けられるでしょう。国家がこの義務を切実なものと感じるまでには長くかかるかもしれません。現在の状況からすれば、その期限はさらに先延ばしになるかもしれません。恐らく、このような施設は最初は民間の慈善事業によって始められるでしょうが、いつかこうしたことが現実のものとならねばなりません(11)。

そうなると、私たちにとって課題となるのは、私たちの技法を新しい条件に見合うように適合させることです。私たちの心理学的前提が説得力をもつことを、教養のない者にも印象づけることができるのは間違いないとしても、それでも私たちの理論的な学説を極力、簡潔に理解しやすく表現する試みは必要でしょう。恐らく、裕福な者に比べて貧しい者は神経症を放棄する用意がない、ということを私たちは経験するでしょう。なぜなら、貧しい者を待ち構えているつらい生活は彼の気を惹くことはないし、その者にとって病気であることは社会的援助への要求を意味しているからです。ヨーゼフ皇帝[12]のやり方に倣って心的な援助活動と物質的な支援とを一緒に行うことができる場合にのみ、何事かを成しうるかもしれません。また、私たちの治療法を大衆を相手に適用するにあたって、分析という純金から直接暗示という銅をたっぷり使った合金を作る必要が生じる公算は大きいでしょう。また、そのときには、戦争神経症の治療の場合[13]のように、催眠による影響が再び用いられもしましょう。しかしながら、たとえこの精神療法が大衆のために形作られ、どのような要素によって組み立てられようとも、その最も効果的で重要な構成部分は確実に、厳密で不偏不党である精神分析から借りてこられたものであり続けるでしょう。

（本間直樹　訳）

精神分析は大学で教えるべきか?
Soll die Psychoanalyse an den Universitäten gelehrt werden?

精神分析は大学で教えるべきかという問いは、二つの立場から、つまり精神分析側と大学側から検討されるであろう。

⑴精神分析に関する限り、それが大学のカリキュラムに採用されることは、あらゆる精神分析家によって肯定的に評価されるであろう。だがこのことは、精神分析家が何らかの仕方で大学に依存する、ということを意味しているのではない。逆に精神分析家は、精神分析の文献研究によって自らの知識を獲得し、精神分析協会の学会においてそのメンバーたちと考察を交わすことでその知識を深めるのである。精神分析家が精神分析の技法の扱い方を習得するのは、自らの人格分析の場合もあるし、また経験を積んだ同僚の監査の下での患者分析の場合もあるのだ。

精神分析の組織自体は大学活動からの追放によって生じたのであり、この追放が続く限り、ある一定の重要な専門教育の機能を果たし続けるであろう。

⑵われわれの問いへの大学側の返答が肯定的あるいは否定的のどちらになるかは、医師とその他の研究者の専門教育にとって精神分析に何らかの重要性があることを大学が認めようとするか否かにかかっている。精神分析の大学教育が行われる場合、さらに新たな問いが生じる。それは、精神分析が大学の教育プログラムのなかで最も適切に採り入れられるのは、どの部門において、そしてどのような形式においてなのかという問いである。

医学ならびに大学専門教育一般にとっての精神分析の役割は、私の考えでは、以下のような事実に基づいている。

(a) ここ数十年、医学教育は非常に正当な批判を受けてきた。医学教育は医学生の研究を解剖学、物理学と化学に限定しているが、生きていくために重要なさまざまな機能にとっての心的な諸要因の意義やその障害と治療に関する初歩的な教育を行わない限りにおいて、それは一面的なのだ。このような怠慢は、われわれの医師の一面的な態度に後々影響を与えているのである。この医学教育の結果から生じたのは、ある面では、健康と病気という最も興味深い人間の問題に対して医師が関心を持っていないことであり、また別の面では、医師が患者とうまく付き合っていけないことである。この点においては、専門教育を受けたどんな医師も、あらゆる偽医者によってたやすく凌駕されてしまうのである。

この明白な欠陥を大学は医学心理学の講習によって補充しようと近年試みている。しかし講習の内容が、大学の心理学あるいは実験心理学の詳細な調査によって規定されている限り、この講習はその役目を果すことはできないし、医学生に対して世間一般の人間の問題と将来の患者についての理解への道を開くことはできないのである。このような理由のために医学教育課程における医学心理学の位置は、今日まではっきりとしていないのだ。

ここに精神分析が医学教育を手助けできる点がある。というのは、精神分析の一連の講義は、医学心理学に代わって、医学生が必要としていることを与えることができるであろうからだ。私が思うに、精神分析自体の知識へと導くのは、詳細に解明された心身関係をテーマとする講習であろう。心身関係は、あらゆる精神療法の根底に存する関係なのである。さまざまな暗示法の叙述の後に行われるのは、精神分析に関する叙述であろう。精神分析は、医学生を心理学の知識へ導くのに最もふさわしい方法であると同時に、心理学的方法のなかで最も広く深い方法とみなされるのである。

(b)医学教育活動における精神分析の第二の機能は、精神医学研究への導入に精神分析が適していることにあるだろう。今日のわれわれの精神医学の性格は、もっぱら記述的である。若い精神医学者が学ぶことには、個々の病的な諸障害を相互に区別することだけでなく、治療可能かどうかの区別や、公共的に害を及ぼすかどうかの区別も含まれている。このような形式において精神医学が他の医学と関係しているのは、ただ病因学が組織的かつ解剖学的に確定できる個所においてのみである。結局、精神医学は、観察された事実を理解する通路を開かないのだ。その通路を開くことは、深層心理学のみに期待することができるのである。

私が聞いている限りでは、アメリカではすでに精神分析は、深層心理学の最初の試みとしてこの方向における成功を得ているのである。それゆえに、アメリカ大陸の多くの医学部では、精神分析についての講習を精神医学研究への導入としてそのカリキュラムのなかで採用している。

私が望ましいと思うのは、精神分析の教育を二つの部分に分けることである。つまり、その最初の部分は、医学生全員に対する基礎的な講習であり、第二の部分は、将来の精神医学者のための特別講習である。

(c)心的過程と知的機能の探求において精神分析はある特別な方法を用いているが、その応用は決して心的障害に制限されることはなく、芸術、哲学、宗教などの諸領域の問題の研究も含んでいる。この点に関して精神分析の諸探求はすでに認められており、新たな視点へ導き、重要な知識をもたらした。ここで私は、文学史、神話学、文化史と宗教哲学というテーマのみを挙げておく。これらの成果が示しているのは、精神分析への一般的な入門講習は、医学生だけでなく、これらの諸学科の学生たちも受講できるようにすべきであることだ。他の専門分野への精神分析的思考の実り豊かな効果に基づいて、さらにわれわれは医学と精神科学とのより緊密な連携を期待できるであろう。この連携は、将来の《人文科学の大学》(1)への道の重要な一歩なのである。

私は次のような結論を導き出す。つまり、精神分析をカリキュラムのなかに採用しようとする大学には利益しか得られない、ということだ。ここで叙述されたような授業が独断的に行わなければならないことは避けがたいし、またその際に実験と証明が少なくなるであろうということは正しい。しかし、精神分析の教師が研究するために必要とするすべてのことは、外来診療病院への立ち入りが許されて「神経症」の患者の豊富な資料に接することであり、同様に精神分析的な(2)精神医学者にとっては、精神病患者のための病院の部局へ立ち入ることなのである(3)。

最後に次のような抗議に私が出会わざるをえないことを付言しておきたい。すなわちその抗議とは、このような仕方で実際に精神分析を習得すると医学生はまったく考えていないということである。このことが精神分析の技法の扱い方に関してあてはまるのは当たり前である。だが、このような抗議は、この企画の意図とはまったく別のことなのだ。われわれの意図にとっては、医学生が精神分析について何かを経験し、精神分析から何かを学ぶことで十分なのである。よくよく考えてみれば、われわれは、大学研究の期間中に若い医学生が経験を積んだ外科医へと教育されることを期待していないのだ。将来の外科医は、自分にとっての特別な専門教育はある病院の外科部局での数年にわたる仕事においてのみ得られるのだ、ということを当然として受け入れているのである。

（家高　洋　訳）

『戦争神経症の精神分析にむけて』への緒言

Einleitung *Zur Psychoanalyse der Kriegsneurosen*

この戦争神経症についての小著は、我が出版社[1]から上梓される『国際精神分析叢書』の最初の巻であり、つい最近まで特段に現在的な問題としての特権に浴していたテーマを扱っている。同名のテーマがブダペストで開かれた第五回精神分析会議(一九一八年九月)の席上で議論されたとき、中欧諸国の指導的地位にある公式代表たちが足を運び、講演や討議から知識を得ようとしていた。また、この最初の会合の希望に溢れる成果として、精神分析の訓練を受けた医師たちが、この謎めいた病気の性質とその治療法を精神分析によって研究するための手段と時間を見つけることのできる精神分析病棟を建設することが承認された。ところが、この決意が実行に移される前に戦争が終結した。国家機関は崩壊し、戦争神経症への関心は他の心配事に席を譲った。しかも特異なことに、戦争という条件がなくなると、戦争によって惹き起こされていた神経症の病状も姿を消してしまった。そんなわけで、この疾患を根本的に究明する機会は残念なことに逃された。そのような機会がすぐに再来することがないよう望むばかりだと、書き添えておかねばならない。

ところが、このエピソードはいまや終わりを遂げたものの、精神分析の普及という点では意義がないわけではなかった。それまでは精神分析から遠ざかっていた医師たちも、兵役の要請によって戦争神経症を取り扱うあいだに、精神分析の学説に親しむようになった。この歩み寄りがどれだけ逡巡と偽装のもとでなされたのかについて、フェレンツィの調査報告から読者は伺い知ることができる。平和時の神経症に関して精神分析が長きにわたって認識し記述してきたいくつかの要因、心因性の症状、無意識的な欲動の蠢《うごめ》きの意味、心の葛藤を解決するための一次的疾病利得の役割(「疾病への逃避」)は、戦争神経症においてもそのまま確認され、ほぼ全般的に採用された。E・ジンメルの諸論文も、精神分析の技法の前段階として知られているカタルシス技法によって戦争神経症患者を治療するとどのような成果が得られるのかを示している。

このように精神分析への歩み寄りが始まったからといって、精神分析への対立が和解ないし鎮静化へ向かうことに価値を認める必要はない。もし、相互に関連し合う主張の全体をそれまで何ら評価していなかった者が、この全体のある部分の正しさについて突如確信するに至るならば、その拒絶の態度がそもそもぐらつくだろう。さらにその者は、自身の経験が僅かさえもなく、それゆえ判断を自分でできないその他の部分についてもまた正しいことが分かるだろうと、ある程度敬意をもって期待するのではないか。そう考えてもよかろう。

戦争神経症の研究によって触れられていない精神分析理論のその他の部分とは、症状の形成に姿を現すのは性欲動の力であり、神経症は自我と自我によって追放された性欲動のあいだの葛藤から生じる、という点に関わるものである。その場合、「性」とは精神分析のなかで用いられる拡張された意味で理解されなければならず、「生殖器」という狭い概念と混同されてはならない。E・ジョーンズが論考にて説明しているように、理論のこの部分は戦争神経症のもとでは立証されていないことはまったくその通りである。そのことを証明できるような業績はいまだ成し遂げられていない。もしかすると、戦争神経症はそれを証拠立てるにはそもそも相応しくない素材の一つかもしれない。しかし、論理よりも性に対する反感を激しく示した、精神分析への反対者たちは、性急にも、戦争神経症の研究によって精神分析理論のこの部分について究極的に反証されたと発表した。そうすることで彼らはある小さな取り違えを犯した。まだ僅かにしか手のつけられていない戦争神経症の研究によって、神経症の性理論が正しいことが認められないとしても、それは、前者が後者の理論が正しくないことを認めさせた、ということとはまったく別のことなのである。

より公平な態度をとり善き意志をもつならば、さらなる解明に向かう道を見つけるのは難しいことではない。

戦争神経症は、特殊な性質によって平和時の普通の神経症から区別される限り、自我葛藤によって可能になったか、あるいはその力を借りた外傷性神経症として理解されるべきである。この自我葛藤に正しく触れているのはアブラハムの論考である。ジョーンズが引用しているイギリスとアメリカの著者たちもそのことを知っていた。この葛藤は兵士の古い平和時の自我と新しい戦争時の自我とのあいだに生じ、新しく形成された寄生的な分身のむこうみずさによって命を落とす危険にどれほど晒されているかが、平和時の自我の目前に迫るや否や、急性化する。古い自我は外傷性神経症に逃げ込むことで生命の危険から身を守るとも言えようし、その自我は生命を脅かす者と認められる新しい自我から身を守るとも言えよう。したがって、国民軍は戦争神経症が生ずる条件、その培養基となろうが、職業軍人、傭兵隊の場合にはそれが現れる可能性は取り払われているだろう。

上記以外の戦争神経症は、自我における葛藤といかなる関係もなく、平和時にも驚愕や重度の事故の後で生じる周知の外傷性神経症である。

神経症の病因を性とする説、あるいはこう言ったほうがよければ、神経症のリビード理論は、もともとは平和時の生活での転移神経症に対してのみ提起されたものであって、この神経症については分析技法を適用することで容易に証明される。しかし、後になってわれわれがナルシス的神経症という群にまとめた別の疾病にそれを適用してみると、すでにいくつもの困難に突き当たっている。通例の早発性痴呆、パラノイア、メランコリーは、結局のところ、リビード理論の証明やその理解の手引きとしてはまさに相応しくない素材であり、それゆえ転移神経症をおろそかにする精神科医たちはこの理論になじむことができないのである。この点について最も強情さを見せたのは常に(平和時の)外傷性神経症であったので、戦争神経症が出現しても、現在の状況に何ら新しい要因がもたらされたわけではない。

「ナルシス的リビード」、つまり、自我そのものに付着し、対象のもとで得られるはずの満足を自我において生じさせる一定量の性的エネルギーという概念を設定し、操作することにより、リビード理論の範囲をナルシス的神経症にまで拡張することができた。また、性概念がこのようにまったく正当な仕方で発展し続けることによって、この手強い神経症や精神病についても、経験によって手探りで前進する理論に期待されるものすべてが果たされるだろう。驚愕、不安、ナルシス的リビードのあいだに間違いなく存在する関係が探究され、それが一定の成果をあげれば、(平和時の)外傷性神経症もまた、以上と同様の例として連ねられるだろう。

外傷性神経症や戦争神経症が命に関わる危険の影響を喧しく口にするけれども、「不首尾に終わる愛(2)」についてはまったく口を閉ざすか、あるいは明瞭には言わない。それに引き替え、平和時における通常の転移神経症においては、前者にこのように強力なものとして現れる要因が病因として求められることはない。それどころか、後者における苦悩は贅沢三昧、富裕な暮らし、無活動によって促進されるばかりであるが、あらためてそれは戦争神経症が突発する生活条件との興味深い対照を見せている、とさえ考えられる。戦争神経症の対立項を模範とするならば、患者たちが「不首尾に終わる愛」、満たされないリビード要求のもとで病んでいるのを見つける精神分析家は、危険神経症は存在しない、驚愕の後に現れる疾患は決して神経症ではない、と主張しなければならなかったであろう。もちろんそのようなことを分析家は一度たりとも思いつきはしなかった。むしろ分析家は、見かけ上互いに反り合う事実を一つの解釈のもとに統一するのに適切な可能性を探っている。外傷性神経症、戦争神経症においては、人間の自我はそれに外部から迫ってくる危険、あるいは、自我形成そのものによって体現される危険から身を守る。平和時の転移神経症では、自我は、リビード要求が自らを脅かすように見えるがゆえに、自身のリビードそのものを敵とみなすのである。いずれの場合にも、自我は損害、つまり後者はリビードによる、前者は外部の暴力によるそれを恐れるのである。純粋な外傷性神経症とは異なって、そして転移神経症に接近しつつ、戦争神経症においても恐れられているのはやはり内部の敵なのである。このように統一的な解釈を妨げるような理論上の困難があるとしても、克服できないものではないように思われる。どのような神経症の根底にも見られる抑圧は、まったく当然のこととして、ある外傷への反動[3]、基本的な外傷性神経症とみなすことができるのではないだろうか。

（本間直樹　訳）

ジェームズ・J・パットナム追悼
James J. Putnam

封鎖の緩和とともにアングロサクソン諸国からわれわれのもとへと届いた最初の知らせのなかに、大いなる全アメリカ精神分析グループの会長パットナム死去の痛々しい知らせがある。彼は七十二歳を過ぎていたが、最後まで精神は潑溂としたままであり、一九一八年一一月、就寝中、心臓麻痺による穏やかな死を迎えた。数年前までボストン、ハーヴァード大学の神経病理学の教授であったパットナムは、アメリカにおける精神分析の大いなる支持者であった。数多くある彼の理論的業績(そのうちいくつかは『国際精神分析雑誌』に最初に発表された)は、その明晰さ、思考の豊かさ、決然たる支持によって、精神医学の教壇や世論において今日享受されている評価が精神分析にもたらされるのに並外れた貢献を果たした。彼自身模範となったことも恐らく同様に大きいだろう。彼は非の打ち所のない性格として広く尊敬され、高き倫理的配慮だけが彼にとって基準となっていたことは人の知るところである。彼と親しく交わった者なら、彼のことを強迫神経症類型の人格の持ち主と判断せざるをえなかったが、しかしそれも、高貴さだけが第二の自然となっていて、卑俗さと妥協することは到底不可能であるというかたちで、幸運にも補償されていたのである。

J・パットナム本人の姿は、彼が一九一二年に(1)ヴァイマール会議に参加したときにヨーロッパの分析家たちに知られることになった。本誌編集者として、次号にこの敬愛すべき友の肖像とその学問的業績に対する詳細な評価を掲載できることを願う。

（本間直樹　訳）

国際精神分析出版社と精神分析に関する業績への賞授与
Internationaler Psychoanalytischer Verlag und Preiszuteilungen für psychoanalytische Arbeiten

一九一八年の秋、ブダペストの精神分析協会のメンバーから私に知らせが届き、そこには、戦争中に産業企業が上げた収益のなかから文化目的のためのある基金がとっておかれており、その使途については、ブダペスト市の市長であるシュテファン・バルツィ博士の了解のもと、彼に決定が任されていると記されていた。両者は精神分析運動のために相当額を寄贈し、その管理を私に委ねる決定を下したという。私はこの使命を受け取るとともに、その後まもなく、栄誉あることに、精神分析会議の開催[1]をブダペストにて受け入れる用意を進められた市長と、そして精神分析の大義のためにかくも大きな功績を上げた匿名のメンバー[2]に対して、ここに公式に感謝の意を表する義務を果たしたい。

私の名前が付与され、私にその使途を任されたこの基金を、私は「国際精神分析出版社」の創設のためにあてることにした。私はこれがわれわれが置かれている現況において最重要の要件であると考えたのである。

われわれの二つの定期刊行物、『国際医療精神分析雑誌』と『イマーゴ』は、戦争中であっても他の多くの学術事業のように没落しなかった。われわれはこの二つをしっかりと維持することができたものの、戦争中の困難、国境封鎖、物価上昇のために、分量を大幅に縮小し、さらに各巻の発行に望むべからず大きな間隔があくという事態を避けられなかった。四名の編集者(フェレンツィ、ジョーンズ、ランク、ザックス)のうち一人は敵国に属する者としてわれわれから切り離され、残りの二人も軍隊に入り、兵役義務を果たさねばならず、ただ一人ザックス博士だけがその任に残ることになり、彼はその重荷をすべて献身的に引き受けたのであった。精神分析の地方部会のいくつかはそもそも集会の中止を余儀なくされ、寄稿者の数も購買数もともに減少した。出版社の当然の不満から、われわれにかくも価値ある雑誌の存続が疑問視されるだろうと予測された。ところが、前線の塹壕からのものも含め、われわれのもとに届いた数多くの徴候によれば、同時代の人びとのもとでの精神分析に対する関心は減じていないということが分かった。国際精神分析出版社の創設によってこうした困難や危機に終止符を打つという意図が正当なものであったと私は考える。この出版社は現在すでに有限会社として成立し、オットー・ランク博士によって経営されている。彼は長きにわたってウィーン協会の秘書を務め、二冊の精神分析雑誌の共同編集者であり、兵役のために数年の間不在であった後、精神分析のための以前の活動に復帰している。

ブダペストからの寄付によって支えられた新しい出版社は、二つの雑誌の定期的な刊行と確実な頒布を課題としている。外的な事情による困難が取り除かれればすぐに、この二冊は以前の分量を回復するか、必要な場合は、購読者に価格の上昇を強いることなく、それを上回る分量を出さねばならない。そのほかにも、出版社はそのような改善をただ待つのではなく、医学的精神分析と応用精神分析の領域において関連書籍や小冊子の発行を促進するだろう。そして、この出版社は利潤を追求する事業ではないので、出版書籍販売業が通常そうする以上に、著者の利益のことを考慮に入れることができる。

精神分析出版社の設立と同時に、ブダペストの寄付の利息から毎年二つの卓越した業績、医学的精神分析と応用精神分析の二つの領域からそれぞれ一つずつ選考して賞を授与するという決定がなされた。この一〇〇〇オーストリア・クローネの賞は、著者ではなく個々の業績に対して与えられる。したがって同じ著者に繰り返して賞が贈られるということもありうるだろう。一定期間内に公表された業績のうちどれが賞授与に該当するか、その決定については、ある役員に委託されることはなく、そのつど基金を管理する個人の権限に委ねられることになった。そうでない場合は、審査委員は最も経験豊かで判断能力のある分析家によって構成されることになろうが、そうなれば、その委員たちの業績は評価から除外されねばならず、この制度は精神分析の文献のなかで最も模範的な成果を選び出すというもともとの意図が容易に崩されることになろう。もし選考者がほぼ同等に価値のある二つの業績の間で判断が揺れることになれば、賞を半分にして分与することは当該の業績の評価を低めることにはならないのだから、その賞を両者に分け与えることも当然可能となろう。

賞授与は通常、毎年繰り返し行われる計画となっている。その際、この期間に公刊された精神分析にとって重要な文献すべてが選択の材料となる。該当業績の著者が国際精神分析協会の会員であるか否かは考慮に入れない。

第一回の賞授与はすでに行われ、一九一四年から一九一八年までの戦争中に公刊されたものがその対象となった。医学的精神分析に対する賞は、K・アブラハムの「リビードをめぐる発達の性器期前の最初期段階についての研究」(『国際医療精神分析雑誌』第四巻、第二号、一九一六年)とエルンスト・ジンメルの小冊子『戦争神経症と「心的外傷」』(一九一八年)に授与され、応用精神分析に対してはTh・ライク「野性人の思春期儀礼」(『イマーゴ』第四巻、第三―四号、一九一五年)の業績が選ばれた。

フロイト

(本間直樹　訳)

「子供がぶたれる」
――性的倒錯の発生をめぐる知見への寄与

»Ein Kind wird geschlagen«
Beitrag zur Kenntnis der Entstehung sexueller Perversionen

I

ヒステリーや強迫神経症のため精神分析による治療を求めてやってきて、「子供がぶたれる」というイメージを空想したことがあると告白する人びとは、驚くほど多い。精神分析を受けようと決心せざるをえないほどには症状が顕在化していない人びとの場合、こうした空想《ファンタジー》に耽ることはさらに多いと思われる。

この空想は快感情に結びついているので、これまで幾度となく再生産されてきたし、いまも現に再生産されつつある。空想された状況がピークに達すると、まず例外なしに自慰的な(つまり性器における)満足が達成されることになる。それは、最初のうちは本人の意志によるのだが、のちには本人の意に反し、強迫的な性質のものとして達成される。

ひとはこうした空想をためらいがちに告白する。はじめて空想したときを想い出そうとしても曖昧だ。これに取り組もうとする分析治療は、正面きった抵抗にあう。おそらくこの場合、恥ずかしい気持や罪の意識が、同じく性生活のはじまりを想い出して語るときにもまして、強く働くのである。

だが最後まで分析してみると、この種の空想はきわめて早い時期、つまり就学前の生後五年目や六年目の頃すでに育まれていたことが確認される。学校へ上がった子供は、ほかの子供たちが教師にぶたれるところを目の当たりにする。あの空想《ファンタジー》は、それが休眠していた場合には、この体験によってふたたび呼び覚まされる。依然として持続していた場合には、強化される。しかも空想の内容は、奇妙なぐあいに変形される。すなわち、以後ぶたれるのは「不特定多数」の子供なのだ。学校の影響はきわめて明白で、患者たち自身まっさきに、ぶたれるという空想をもっぱら学校時代のこうした印象に、つまり生後六年目以降の印象に遡らせようとした。しかしこの説明はまったく成り立たない。あの空想は、それ以前からすでに存在していたのである。

子供たちは上級学年になるとぶたれなくなる。それにかわって読書が影響を及ぼすようになり、まもなく重大な意味をおびることになる。私が出会った患者たちの環境では、ぶたれるという空想に新たな刺激を与えることになる内容は、ほとんどいつも同じだった。つまり、青少年の手近にある書物である。たとえば薔薇文庫(1)や『アンクル・トムの小屋』(2)などがそれだ。こうした文学作品と競うようにして子供自身の空想活動がはじまり、ありとあらゆる状況や制度が考え出される。そこでは子供たちは、その悪ふざけや不作法ゆえにぶたれたり、罰を受けたり、懲らしめられたりするのである。

子供がぶたれるという空想イメージはかならず、高度の快を備給され、快に満ちた自体性愛的な満足が得られる行為で終わるものだった。だとすると、学校でほかの子供がぶたれるのを目撃するような場合も、同様の楽しさの源泉になると推定できるかもしれない。だが実際には、そういうことはない。学校で現実に子供がぶたれる状況を体験することは、それを見ていた子供に奇妙に興奮した感情、おそらく複雑な、つまり受け入れられないという気持が大半を占める感情を呼び起こす。現にいくつかの事例では、そうした場面を実際に体験することはとても耐えきれないと受け取られていた。ちなみに、後年の丹念に練り上げられた空想においても、折檻される子供は深刻な傷を負わないことになっていた。

おのずと出る問いは、現実の体罰が家庭での子供の教育に果たす役割があるのなら、そうした役割とぶたれるという空想とのあいだに、どんな関連があるのか、というものである。これについてはただちに、そこには反比例の関係がありそうだと推測された。だがこの推測は、資料に片寄りがあるため、裏づけられなかった。この問題の分析に材料を提供してくれた患者たちで、子供時代にぶたれたことのあるひとは稀だったのである。少なくとも、鞭で打たれて教育されたひとは皆無だった。とはいえ、こうした子供たちもむろんなんらかの機会に、両親もしくは教育者が腕力において自分に勝るものであることを感得していた。子供部屋では子供同士の叩き合いがつきものであるのは、わざわざ強調するまでもなかろう。

学校で受けた印象や本を読んで知った場面からの影響があったことをはっきり示すわけではない、早い段階での単純な空想について、さらに研究をすすめてみようと思った。ぶたれる子供は誰なのか。空想をたくましくしている当人なのか、それとも別人なのか。いつも同じ子供がぶたれるのか、それとも思いのまま頻繁にほかの子供と入れ替わるのか。子供をぶったのは誰か。大人か、そして大人だとするなら誰か。それとも、空想している子供自身が、ほかの子供をぶったのか。これらの質問にたいし納得のいく説明が得られることはなく、ただいつもしどろもどろの返事がかえってくるだけだった。「子供がぶたれる、それ以上のことは分からないのです」。

ぶたれる子供の性別について尋ねてみると、こちらはもう少し得るところがあったものの、納得がいくものではなかった。つまり、「ぶたれるのは男児だけです」、あるいは「女児だけです」という場合もあったが、たいていは

「分かりません」もしくは「どちらでも同じことです」という返答だったのである。質問者にとっては、空想する子供の性別とぶたれる子供の性別とのあいだに一定の関係があるかどうかが関心事だったのだが、それは分からなかった。ただときどき、空想《ファンタジー》内容からある特徴的な細部が浮かび上がってきた。すなわち、小さな子供はお尻を裸にしてぶたれるのである。

こうした状態だったので最初のうちは、ぶたれるという空想にともなって現れる快をサディズム的なものとみるべきか、それともマゾヒズム的なものとみるべきかさえ、判断することができなかった。

II

子供時代の早い段階に、おそらく偶然のきっかけから現れ、自体性愛的な充足に固定されたこのような空想は、私たちのこれまでの知見にしたがえば、倒錯の一次的特徴のひとつの出方と解釈される。性機能の一成分が他の成分に先行して発達し、早期に独立してみずからに固着する。それによって、あとの発達過程から脱落してしまい、結果として人格の特別で非正常な性質を裏づけるものになったのである。幼児段階のこのような倒錯が、かならずしも人生を通じて続くものではないことは明らかだ。それは、あとからさらに抑圧をこうむったり、反動形成に取って代わられたり、昇華されて変換されたりすることがあるからである。（ことによると、抑圧が差し止めるような特殊なプロセスから生じるのが昇華なのかもしれない。(3)）だがこのような発達過程を経ることがないと、倒錯は成人段階においても維持される。そして、大人において性的逸脱——倒錯、フェティシズム、対象倒錯——がみられる場合、病歴を検討すると、そのような固着する出来事が子供時代に起こったと推定できる。じっさい精神分析の登場以前にも、たとえばビネ[4]のような観察者は、成人期にみられる奇妙な性的逸脱は五歳もしくは六歳以降に得られた子供時代のそうした印象に由来するのではないか、と指摘している[5]。もっとも、この方向で理解をすすめようとすると壁に突き当たった。固着するにいたる印象には、外傷的な力はまったく備わっていないからだ。それはたいてい平凡で、他の人を興奮させるものではない。つまり、性的追求がそれらの印象に固着する理由を説明できなかったのである。意味があるとすれば、それらの印象が、偶然とは言いながら、他に先駆けて動き出そうとしている性的成分の固定化のきっかけになっている点だった。因果連関の鎖をたどってみても、どこかで途切れてしまうことを想定しておかねばならなかった。もって生まれた体質を云々するのは、まさにそうした、探索が停頓を余儀なくされる地点にさしかかっているのである。

早い時期に分離されたこの性的成分がサディズム的だとすると、別稿で得られた知見からして、それがのちに抑圧されたために強迫神経症発症の素因が作られたと推測される[6]。この推測は調査結果と矛盾するとは言えない。本稿は六つの症例(四例が女性、二例が男性)の詳細な検討にもとづくものだが、そのなかには強迫神経症の事例がいくつも含まれていた。ひとつはきわめて重篤で、生活全体を破綻に追い込んでいた。別の中程度の症例は、周囲からの影響が及びやすいものだった。第三の症例では、明らかな強迫神経症の病状を少なくともいくつか示していた。第四の症例は苦痛と制止をともなっており、むろんこれはまぎれもないヒステリーだった。さらに第五の症例は、たんに日常生活において優柔不断だという理由から精神分析を受けにきた事例で、おおざっぱな臨床診断ではそもそも疾患のうちに入らない、もしくは「精神衰弱」と片づけられるものだった[7]。こうした統計結果に気落ちするには及ばない。というのも第一に、素因がすべて発症にいたるわけではないのは周知のことだ。第二に、私たちにとっては、現に眼の前で起こっていることに説明を与えられれば、それで十分なのであって、ある事柄が起こらなかったのはなぜかを説明する仕事には手を出さないのが原則というものだろう。

私たちが、ぶたれるという空想《ファンタジー》について得た理解はここまでであり、それ以上の深入りはできそうにない。もちろん分析医としては、これでは問題は解決されていないと思う。この空想はたいていの場合、神経症のほかの内容から離れたまま存在しており、神経症の構造のうちにしかるべき位置を占めるものではないと、認めざるをえないからだ。とはいえ、私の経験からすると、こうした印象は等閑視されやすい。

III

厳密に言えば——そして、これをできるかぎり厳密に理解していけない理由があろうか——精神分析が当を得たものと承認されるのは、その分析によって、大人からその最初期（だいたい生後二年目から五年目まで）の子供時代の知識を蔽い隠している健忘を取り除くことに成功した場合のみである。この点は分析家同士、いくら声を大にしてもよく、それでも強調したりしない場合が多い。むろん、こうした警告に耳を傾けようとしない動機が分からないわけではない。ひとは誰しも、より短い時間のうちに、より少ない手間で、めざましい成果をあげたがる。しかし現段階では、私たち全員にとって、治療上の成功とは比べものにならないほど理論的知識が重要である。子供時代の分析をなおざりにする者は、結果としてきわめて重大な誤りを犯すこと必定である。このように最初期の体験の重要性を強調するからといって、のちの体験の影響を過小評価することにはならない。だが分析のさいに、患者自身の口から声高に語られるのはのちの生活の印象のほうだ。子供時代の印象について声を上げないといけないのは、医師である。

二歳から四、五歳までの子供時代は、もともとのリビード要因がまず体験によって呼び覚まされ、なんらかのコンプレクスと結合する時期である。いま問題にしている、ぶたれるという空想は、この時期の終わりかけ、もしくは終わってしまったあとではじめて出現する。つまり、おそらくそれは前史を有し、なんらかの発展を経たものではないか。なにかの萌芽を示しているのではなく、終結を示しているのではないか。

この推測は、分析により確認される。徹底的に分析してみると、ぶたれるという空想の形成史がけっして単純ではないこと、その過程で空想のかなりの部分がひとかたならず変化することが明らかとなる。空想をする本人との関係、その対象、内容、およびその意味も変化するのである。

ぶたれるという空想に生じるこうした変化をあとづけやすいように、以下では女性患者だけを取り上げて話をすすめたい。私が集めた材料では、なんといっても女性が多いからである(女性四例にたいし男性二例)。のみならず、男性に生じるぶたれるという空想は別のテーマと繋がっているので、本稿では扱わないことにする。(8) ここでは、平均的な状況を説明するうえで不可欠な範囲を越えて図式化を行うことは避けよう。さらに観察を重ねていくと、状況がはるかに多様であることが判明する場合もあるかもしれない。しかし私は、あるひとつの典型的な事例、それもけっして稀少ではない事例を理解しえたと確信するものである。

さて、女児に生じるぶたれるという空想の第一の局面は、子供時代のごく早い時期に根ざしている。空想には奇妙なまでに不明瞭なものもあり、取るに足りないものという感じを受ける。最初に話される、たんに「子供がぶたれる」という陳述は、そうした空想のありかたに相応しいものとして出現する。しかしながらそれ以外の点はたしかに明瞭で、しかも中身はいつも一定している。すなわち、ぶたれる子供は、空想している子供本人ではなく、ふつうは別の子供、弟妹がいればその弟妹である場合が大半だ。実際、ぶたれるのが弟の場合もあれば妹の場合もあることから、空想する本人の性別とぶたれる子供の性別とのあいだには、はっきりした関連はないと思われる。したがって、この空想《ファンタジー》がマゾヒズム的なものでないことは、まちがいない。サディズム的と言えるかもしれないが、空想する子供自身がぶつわけではないという点を看過してはならない。実際にぶっているのが誰なのかは、最初のうちは分からないのである。確認できるのはただ、ほかの子供がぶつのでなく、大人がぶつということだ。この正体不明の大人はそのうちに、（当の女児の）父親にほかならないことが判明する。

つまるところ、ぶたれるという空想の第一の局面は、「お父さんが子供をぶつ」という文によって端的に表現される。この文を書き換えて、父親が「わたしにとって嫌な」子供をぶつとすると、後段で論じる予定の事柄の多くを先取りすることになる。もっとも、ぶたれるという空想のこの最初の段階に、そもそも「空想」の特徴が表れていると認定すべきか、判断に迷うところもないではない。それはむしろ、かつて目にした出来事の想起かもしれないし、さまざまな機会に生じた欲望かもしれないが、こうした疑問は重要ではない。

この第一の局面と次の局面とのあいだに、重大な転換が発生する。ぶつのは相変わらずたしかに父親なのだが、ぶたれる子供が入れ替わる。つまり、ぶたれるのはいつも、空想する子供本人になるのだ。この空想は快に重きが置かれる度合いが高く、重要な内容をもつにいたるが、その道筋の説明はあとに回そう。この空想をあらためて文として表現すると、「わたしはお父さんにぶたれる」となる。これは疑いなく、マゾヒズム的特徴を示している。

最も重要であり、また重大な帰結をもたらすのは、この第二の局面である。だがある意味では、それは現実には存在しなかった空想と言えるだろう。それは、想起されたことがいちどもない、つまり意識されたことがない。それは、分析によって構成されたものである。だが、そうであるからこそ、少なからぬ必然性があるのだ。

第三の局面は第一の局面に似ている。それは、患者たちの語るところにより再現される。ぶつのは父親ではなく、第一の局面と同じく正体不明とされる。もしくは父親の代わりとなる典型的な人物(たとえば教師)がぶつ場合もある。空想する子供本人が登場人物として空想のなかに現れることはもはやない。問いつめてみても、患者は「わたしは傍からみているようです」としか言わない。ぶたれる子供はひとりではなく、たいてい大勢いる。(女児に生じる空想の場合)圧倒的に多いのは、男児がぶたれる場合だが、その子供たちをひとりひとり識別することはできない。ぶたれるという、もとは単純かつ単調な状況は、考えうるかぎりのさまざまな変形や誇張をこうむる。ぶつという行為じたい、別種の懲罰や辱めに置き換えられることもある。だが、この局面にみられる最も簡単な空想と第一の局面での空想を区別すると同時に、第二の局面との関係を生み出す本質的特徴は、次の点にある。すなわち、この局面での空想は強力で、明らかに性的な興奮を運搬するものであり、そうであればこそ、自慰的な充足の媒体となっているのだ。だが、まさにこれが不可解なところである。見知らぬ男児たちがぶたれるという空想は、すでにサディズム的である。この空想から、当の女児がそのあとも長らくリビード追求を行い続けるにいたるには、どのような経路を経るのだろうか。

ぶたれるという空想の以上の三つの局面の関連や順序、またそのほかの特性ということになると、じっさい正直なところ、まったく分からないままである。

ぶたれるという空想《ファンタジー》が形成され、また想起される幼少の時期にまで分析をすすめてみて判明するのは、当の子供が両親コンプレクスの興奮に巻き込まれていることである。

IV

女児は、情愛面では父親に固着しており、父親のほうでも、娘の愛を得ようと手を尽くしているだろう。同時に女児は、母親にたいする憎悪と競争心をはぐくんでいる。この態度は情愛に満ちたつながりを求める姿勢と併存しつづけ、年月とともにますます強くはっきりと意識される場合もあれば、母親への過剰な反動的愛情拘束のきっかけとなる場合もある。しかしながら、ぶたれるという空想が母親と結びつくことはない。子供部屋にはほかにも、ごくわずかしか年齢のかわらない子供たちがいる。女児は、いろいろ理由はあるが、なかんずく両親の愛情をひとり占めできないがゆえに、ほかの子供たちを嫌う。この年齢の感情生活ならではのきわめて粗暴なエネルギーを発揮して、ほかの子供たちを近づけようとしないのは、そのためである。弟や妹がいる場合（四例のうち三例に弟妹がいた）、女児はその弟妹を侮り、それどころか憎む。だが弟妹が、両親がつねに一番下の子供に盲目的に注ぐ情愛を享けているところを、目の当たりにしないわけにはいかない。ぶたれることは、さして痛くなくとも、愛情の拒絶や屈辱を意味することがすぐに理解される。自分が両親の揺るぎない愛情の高みにいるものと確信していた子供は、一度ぶたれただけで、なんでも思い通りになる天の高みから墜落することが多い。だからこそ、父親が嫌な子供をぶってくれることは、実際にぶつ光景を目撃したかどうかとはまったくかかわりなしに、快適なイメージとなるのだ。つまり、「お父さんはあの子を愛してはいない、お父さんが愛しているのはわたしだけ」ということになる。

　これがつまり、第一の局面における、ぶたれるという空想の内容と意味である。この空想はまちがいなく子供の嫉妬心を充足させる。それは子供の愛情生活に依存しているが、同時にまた子供のエゴイズム的な関心によっても強く支えられている。したがって、この空想を純粋に「性的」とみてよいかどうかは疑わしい。まして「サディズム的」と呼ぶことはできない。私たちが行う区分の基礎となる徴候はすべて、その根源にまでさかのぼると不明瞭になっていくものだ。それは、三人の運命の魔女がバンクォーに与えた約束に似ていると言えるかもしれない。つまり、明らかに性的なものではないし、サディズム的とまではいかない。しかし、いずれその両者が生まれ出ることになる素材である。(9)いずれにせよ、この空想の第一の局面がすでに、性器を利用する自慰的行為に放散のすべを見出す興奮に役立っていると推定する根拠はまったくない。

　子供の性生活は、こうした早い時期での近親相姦的愛情の対象選択において、明らかに性器的編成の段階に達している。この点は、男児について証明するほうが容易だが、女児についても疑問の余地はない。やがて明瞭で正常なかたちをとる性的目標の予感めいたものが、子供のリビード追求を支配しているのである。なぜそうなるのか、疑問に思うのも当然だが、これを、すでに性器が興奮の過程における役割を引き受けていることの証拠と理解してよいだろう。男児にはかならず、母親とのあいだで子供をつくりたいという願望があるし、女児にはつねに、父親とのあいだに子供がほしいという願望がある。こうした願望を成就させる方法がまったく分かっていないにもかかわらず、そうなのだ。子供は、それが何かしら性器と関連していることを確信しているらしい。とはいえ子供が、あれこれ考えているうちに、両親のあいだで必要とされている親密さを、別様に関係づけようとすることもあるかもしれない。それはたとえば、いっしょに寝ることや、いっしょに排尿することなどである。こうした内容は、性器に結びついた秘密めいたものよりも、言語イメージとして理解されやすい。

しかしながら、このような早咲きの花が霜でしおれる時期が到来する。つまりこうした近親相姦的な愛情は、抑圧の運命から逃れられないのだ。それが抑圧に屈するひとつの場合は、誰の眼にも明らかな外的なきっかけで、幻滅が生じるときである。たとえば、思いもよらず侮辱を受けたり、望んでいたわけでもないのに弟や妹ができ、両親に裏切られたと思ったりする事例だ。もうひとつは、こうした〔外的〕きっかけをともなわない内発的なもので、たとえばきわめて長期間にわたる期待がついに実現しなかった、というだけの場合もありうる。はっきりしているのは、これらのきっかけは直接原因として作用するものではなく、かの愛情関係にはいずれかならず終りがくるように定められている、ということである。それが何によるかを言い当てることはできない。なにより考えられるのは、そうした愛情関係は、時期がくれば消失するということだ。つまり子供たちは、新しい発達段階に入っていく。人間の歴史のなかで近親相姦的な対象選択が抑圧されたのと同じように、子供たちはこの段階においてその抑圧の反復を余儀なくされる（エディプス神話の運命を参照せよ）。この新しい局面の意識が、無意識のうちに近親相姦的な愛情の蠢《うごめ》きという心的な出来事として存在するものを引き継ぐことは、もはやない。すでに意識化されていたものも、ふたたび意識の外に追いやられる。こうした抑圧過程の進行と同時に、罪の意識が成立する。これは、どこから来るのかは分からないものの、まちがいなくあの近親相姦的な願望と結びついており、また無意識のなかでそうした願望が持続していることから、たしかに存在していると言える。*1

近親相姦的な愛情の段階では空想《ファンタジー》は次のようなものだった。「彼（お父さん）はわたしひとりを愛していて、ほかの子供を愛してはいない。だって、お父さんはその子供をぶっているのだから」。罪の意識は、この勝利のどんでん返しにまさる厳罰を見いだすことはできない。「いいや、お父さんが愛しているのはわたしではない。だって、お父さんはわたしをぶつ」。このように、第二の局面での空想が、自分が父親にぶたれるというものだとすると、それは罪の意識の直接的表現になるだろう。この意識をまえにして、父親への愛は崩れ去る。かくて空想はマゾヒズム的なものに転じるのだ。私の知るかぎり、事態はいつもこうで、罪の意識がサディズムをマゾヒズムへと転換する動因となる。とはいえマゾヒズムの内容は、これによって尽くされるものではまったくない。罪の意識が自力で地歩を得られるわけではなく、愛情の蠢きもまたそこに与っているにちがいない。ここで扱われているのが、体質的な理由から、サディズム的成分が早い時期に、しかもそれのみで発現してきた子供たちだということを想い起こそう。そうした見地から離れるには及ばない。こうした子供たちにとっては、性器期以前のサディズム肛門的な性生活編成に立ち返るのは、いとも容易なことである。まだ性器的編成に達していないうちに抑圧が働くと、その結果として、近親相姦的な愛情によるあらゆる心的代行は無意識的なものとなり、ときにいつまでも無意識的なままとなる。のみならず、さらなる結果として、性器的編成じたい退行を起こし、低次のものへと戻っていく。すなわち、性器的な意味でとらえられていた「お父さんはわたしを愛している」が退行して、「お父さんがわたしをぶつ（わたしはお父さんにぶたれる）」へと変換されるのである。このとき、まさにぶたれるという点において、罪の意識と性愛とが遭遇する。それは、禁止されている性器的関係にたいする懲罰というだけでなく、その関係の退行

＊1　〔一九二四年の追加〕「エディプスコンプレクスの没落」（一九二四年）〔本全集第十八巻〕におけるこの点の展開を参照。

的な代替でもあるのだ。ぶたれることがリビード的興奮を引き出すのはまさにこの退行的代替という源泉からである。以後この興奮は、ぶたれることにいつも付随し、最後は自慰的行為に放散を見いだすことになっていく。これがなによりまずマゾヒズムの本質である。

自分が父親にぶたれるという、第二の局面に現れる空想《ファンタジー》は、原則的には無意識的なものにとどまるが、それはおそらく強度の抑圧のゆえである。だが、私が得た六例の症例のひとつ(男性の症例)では、想起されて意識的なものとなっていた。それがなぜなのかは説明できない。現在では成人しているこの男性は、母親にぶたれるという表象を自慰の目的で利用する習慣があったことを、はっきり記憶にとどめていた。ただし彼は、やがて自分の母親に代えて、同級生の母親たち、あるいは自分の母親にどことなく似ているほかの女性たちをイメージするようになった。男児の近親相姦的な空想が、それに対応するマゾヒズム的な空想へと変換されるさいには、女児の場合と比べてひとつよけいな転倒が生じることを忘れてはならない。すなわち、能動性が受動性によって代替されるのである。空想は、この追加された歪曲によって、抑圧を受けて無意識的なものにとどまりつづけることを免れたとも考えられる。そうだとすると、抑圧にかわって退行が罪の意識を満たすのかもしれない。女性の場合、おそらくそれじたい求めるところがさらに大きい罪の意識があり、それは〔抑圧と退行の〕両者の協同作用によってはじめて満たされると思われる。

女性の四症例のうち二例では、ぶたれるというマゾヒズム的空想のうえに、患者の生活にとってきわめて意味をもつ白昼夢が、上部構造として巧緻な発展を遂げていた。この白昼夢には、自慰的行為を断念した場合でも興奮の充足感をもたらす機能が割り振られていたのである。こうした症例のひとつでは、父親にぶたれるという内容が、本来の自己がわずかに変装してそれと見分けがつかなくなると、やおら意識のうちに戻ってくることがあった。このようなストーリーの主人公は、かならず父親にぶたれ、そのあとで懲罰や屈辱を受けたりするものだった。

だが繰り返して言うが、空想はつねに無意識にとどまりつづけるのが原則であり、分析によってはじめて再構成されなければならない。このことは、想い出してみれば、ぶたれる空想の第三の局面――これについては、すぐあとで述べる――よりもまえから自慰ははじまっていたという患者たちの主張にもあてはまるだろう。患者によると、たとえば学校での光景がさきに印象としてあって、あとから空想がふくらんだという。私たちは、こうした言い分にしばしば信を置きはしたが、自慰は最初は無意識の空想に支配されていて、その無意識的な空想がやがて意識的な空想によって代替されるという推定に傾いていった。

上述した、第三局面のぶたれる空想は、そのような代替として理解される。それは空想の最終的なかたちをなすもので、そこでは空想する子供はせいぜいのところ傍観者として登場する一方、父親は教師もしくはその他の権威者のすがたを借りて現れる。空想は、第一局面のそれと類似しており、サディズム的なものに戻っているようにみえる。「お父さんはほかの子供をぶつ。お父さんが愛しているのはわたしだけ」という文で考えると、後半部が抑圧を受けた結果、重点が前半部に移ったというおもむきだ。しかし、サディズム的なのはこの空想の形式だけであって、空想から得られる充足はマゾヒズム的なものである。その意味は、空想は抑圧を受けた部分のリビード備給を受け継ぎ、それによってまた内容に付随する罪の意識をも受け継いでいるという点にある。教師にぶたれる不特定多数の子供たちは、本人の代替となっているにすぎない。

ここにいたってはじめて、空想を支えている登場人物たちの性別に、恒常性らしきものが見られるようになる。

男児がいだく空想《ファンタジー》においても女児がいだく空想においても、ぶたれる子供たちは、まず例外なく男児なのだ。この点は、男児と女児のあいだでたまさか起こるライバル関係からは、うまく説明できない。もしそうならば、男児のいだく空想のなかでぶたれるのは、むしろ女児のはずだからである。第一局面に登場した嫌われる子供の性別もまた、この〔いつも男児がぶたれる〕点とは結びつかない。女児の場合、複雑な過程を想定しなければならないということだろう。いったい女児たちは、性器的なものとしてとらえられた父親への愛情から離れると、女性としての役割を簡単に放棄する。そして自分の「男性性コンプレクス」(ファン・オップハイゼン)[10]を活性化させ、いまや男児になろうとするのである。だからこそ男児が、彼女たちに代わって、ぶたれる子供[11]を演じるのだ。白昼夢のふたつの症例——そのうちのひとつは、ほとんど文学の域に達していた——では、主人公はつねに若い男性だった。いずれの場合にも女性はそもそも登場せず、はるか後年になってはじめて、脇役として姿を見せるにとどまった。

V

ここまで、私の分析経験を細部に立ち入って紹介できたと思う。とはいえ、言及してきた六例でもって手持ちの材料が尽きたものとは考えないでいただきたい。ほかの分析家もそうだろうが、検討が終っていない症例はまだ多数ある。それらの観察は、さまざまな方面での利用が可能だ。たとえば倒錯一般、とりわけマゾヒズムの発生の解明、さらには神経症の力動論において性別が果たしている役割の評価に利用できるだろう。

こうした議論のうち最もめざましい成果は、倒錯の成立にかかわる。倒錯の場合、あるひとつの性成分が体質によって強化されたり、早期に発動したりする点に重きをおく解釈をあらためることはなかろう。だが、それがすべてというわけはない。倒錯はもはや、子供の性生活のなかで独立しているのではなく、よく知られた典型的な――正常な、とは言うまい――発達過程との連関においてとらえられる。倒錯は、子供の近親相姦的な対象愛、すなわちエディプスコンプレクスに関係づけられる。それは、最初はエディプスコンプレクスの土壌のうえに発現し、やがて当のコンプレクスが崩壊してからも、単独で残りつづけることが多い。その場合には、リビード負荷の遺産として残るのであり、またコンプレクスに付随する罪の意識を負わされていることもしばしばだ。つまるところ、非正常な性的体質がその強度を発揮して、エディプスコンプレクスを一方向へと押しやり、通常にはありえない残存現象を起こさせているのである。

周知のように、子供にみられる倒錯は生涯にわたって続き、そのひとの性生活をすべて消尽する同種の倒錯の形成基盤となる場合がある。あるいは、途中で中断され、正常な性的発達の背後に隠れたまま、つねに一定のエネルギー備給を奪いつづけるという場合もある。前者の事例は、精神分析以前の時代からすでに知られていたものだ。いずれにせよ、これらふたつの事例の隔たりは、精神分析によって成人にみられる倒錯の検討がすすんだことにより、ほぼ埋められつつある。すなわち、成人倒錯者の場合にも、ふつう思春期に正常な性欲形成の端緒がみられる。しかしこの端緒は力強さが欠けていて、かならず出現する最初の障害に直面すると、放棄される。そのひとは結局、幼児期の固着に逆戻りしてしまう。

一般論として、幼児期の倒錯がエディプスコンプレクスから生じると言えるかどうかは、当然ながら究明すべき重要な論点だろう。さらなる検討なしに結論を出すことはできないものの、あながちありえないことではない。成人倒錯の事例から得られた病歴をみると、それらすべての倒錯者、フェティシストおよび同種の人びとにとっての決定的な印象、つまり「最初の経験」が生後六年目以前の時期にまでさかのぼる場合はほとんどないことが分かる。だがこの時期になると、エディプスコンプレクスの支配はすでに崩れている。想い出され、謎めいたしかたで働きかけてくる当の経験は、エディプスコンプレクスの遺産を表している可能性が高い。精神分析によって、「病原」となっている最初の印象の背後にある時期にまで光が投じられないかぎり、この印象といまや抑圧を受けているコンプレクスとのあいだの関係は、なお未解明たらざるをえないだろう。したがってたとえば、ある人物がすでに生後八年目もしくは六年目から同性に愛着をおぼえているという陳述に基づいて、そこに生得的な同性愛をみるような見解は、ほとんど顧慮に値しないと思われる。

だが倒錯がエディプスコンプレクスに由来することが一般的に明らかになれば、このコンプレクスの意義が新たに裏づけられることになるだろう。私たちのみるところ、エディプスコンプレクスこそ元来、神経症の核をなすものであり(12)、このコンプレクスにおいて頂点に達する幼児期の性が神経症のほんとうの条件である。無意識のなかに残るこのコンプレクスの残余が、のちに神経症を発症する素因となるものなのだ。だとすれば、ぶたれる空想《ファンタジー》や他の同種の倒錯的固着もまたエディプスコンプレクスの沈殿物にすぎないことになるだろう。それはいわば、一連の過程のあとに残る傷痕のようなものである。たとえば悪名高い「劣等感」は、ナルシシズム的な傷痕にあたる。私は、最近マルツィノフスキが適切に表明したこの見解(「劣等感のエロティックな源泉」『性科学雑誌』第四巻、一九一八年〔三一三―三二一頁〕)に、全面的に同意する。よく知られているように、神経症患者がいだくこうした軽卑妄想は部分的なものにすぎず、ほかの理由から自分を過大評価する態度を完全に許容する。エディプスコンプレクスそのものの由来については、またあらゆる動物のなかで人間にのみ割り振られている運命については、すでに別稿で述べておいた。すなわち人間はほかの動物と同じく、幼児期のごく早い段階で性生活をはじめるが、やがて長い中断を経て思春期にもう一度はじめる。つまり人間だけが性生活を二度はじめなければならないのである。これらはすべて、人間が受け継いでいる「太古からの遺産」にかかわることであり、本稿では立ち入らない(13)。

ぶたれるという空想をめぐるここでの議論が、マゾヒズムの発生論に貢献するところはごく限られる。さしあたり確認できたと思われるのは、マゾヒズムは欲動の一次的な表出ではなく、サディズムがその矛先を本人へ転じることに由来する、つまり対象から自我への退行によって成立するという点だ(14)（「欲動と欲動運命」『神経症小論文集成』第四巻、一九一八年〔本全集第十四巻〕）。受動的な目標をそなえた欲動は、とりわけ女性の場合、最初から認められる。しかしながら、受動性がマゾヒズムのすべてというわけではない。マゾヒズムは疚しさという性格をもともなうものであり、これが欲動充足のさいに違和感をもたらす。つまり、抑圧行為に関与する罪の意識の影響を受けることにより、サディズムからマゾヒズムへの転換が起こると思われる。そこでは抑圧は、三つの作用となって現れる。すなわち抑圧は、性器的編成の帰結を無意識的なものにし、この編成じたいを以前のサディズム肛門段階へと退行させ、さらにこのサディズムを受動的で、ある意味ではまたしてもナルシシズム的なマゾヒズムへと転換する。以上の三つの作用のうち第二のものが生じるのは、これらの事例すべてに推定される性器的編成の弱さゆえである。第三のものが不可避となるのは、罪の意識が性器的にとらえられた近親相姦的な対象選択にたいして同様、サディズムにたいしても反発をおぼえるからである。しかし、罪の意識そのものがどこから来るのか、精神分析は答えることができない。それは、子供が新しい段階に入ることによってもたらされ、以後消えずに残って、劣等感がそうであるように、傷痕化するように思われる。私たちは自我の構造を明らかにしようとしてまだ手探り状態だが、今まで得られた知見にしたがうならば、罪の意識は批判的な良心として自我のそれ以外の部分と対立する審級に相当するとみることができるだろう。この審級は、夢においてはジルベラー(15)の言う機能的現象を引き起こし、注察妄想においては自我から分離するものである(16)。

ついでにひとこと、ここで取り上げた子供の倒錯の分析が、昔からある謎を解くのに役立つ点にふれておきたい。ただしその謎は、精神分析家自身よりも精神分析の圏外にいる人びとを、久しく苦しめてきたものだ。最近もE・ブロイラー(17)すら奇妙で不可解とみていることだが、神経症患者に言わせると、自慰こそが自分たちの罪の意識の中心をなすという。だが私たちは以前から、そうした罪の意識は思春期の自慰にではなく、幼児期の早い段階での自慰にかかわっていると推測してきた。したがって罪の意識の大半は、自慰行為にではなく、その根底にありながら無意識的な空想《ファンタジー》――つまりエディプスコンプレクス――に関連づけられるべきだろう(18)。

すでに詳論したとおり、ぶたれるという空想は、第三局面においては一見したところサディズム的となり、自慰へと追い立てる興奮の運搬役として重要な意味を獲得した。またこの局面での空想は、一方では同様の方向で作用しながら、他方ではそれを打ち消して補償的に働く空想活動を発動させるのがつねである。しかし、それよりもはるかに重要なのは、無意識的でマゾヒズム的な第二の局面、すなわち自分が父親にぶたれるという空想のほうだ。それはこの空想が、入れ替わりに現れる空想を介して働きつづけるからだけではない。無意識的なものにされたこの空想から直接に発する作用が、性格に影響を及ぼしていることもまた明らかである。このような空想をいだく人間は、父親の系列に属するとみなしうる人物たちにたいし、特別の感じやすさや過敏さを発達させるものだ。つまり彼らは、父親的な存在に傷つけられやすいのである。その結果、父親にぶたれるという空想状況を現出させてしまい、自分で苦しみもすれば傷つきもする。そのうちに、こうした空想がパラノイア的な好訴妄想の基盤となっていることがうまく証明されても、驚くにはあたらない。

VI

ここまで、女性の場合に限定して、子供のぶたれるという空想を考察してきた。多少の関連を除いてそのように限定しなかったならば、考察は錯綜をきわめるものになってしまったことだろう。以下、成果をあらためて手短にまとめてみたい。女児のぶたれるという空想は、三つの局面を通過する。そのうち最初と最後の局面は意識的なものとして想い出されるが、中間の局面はいつも無意識的なものにとどまる。意識的な前者ふたつはサディズム的と思われるが、無意識的な後者がマゾヒズム的であるのはまちがいない。後者の内容は父親にぶたれるということであり、リビードの負荷と罪の意識が随伴している。前者ふたつにおいては、ぶたれるのはいつも他の子供だが、後者においてぶたれるのは、本人のみである。また第三の意識的な局面では、ぶたれるのはもっぱら男児に限られる。ぶつ人物は最初から父親であり、のちには父親系列に属するその代理的存在になる。中間の局面の無意識的な空想は、本来的には性器的な意味を有していた。それは、抑圧と退行を経てはいるが、明らかに父親に愛されたいという近親相姦的な願望から生じたものだ。おそらくこのことと関連して、第二局面から第三局面に移るあいだに女児は性を転換し、自分が男児だと空想するにいたる。

男児のぶたれるという空想については、材料が揃っていないせいだけだろうが、十分な考察ができていない。私は、男児と女児のあいだに完全な類似関係があってしかるべきだと予想した。つまり〔男児の場合には〕母親が、〔女児の〕空想《ファンタジー》における父親の立場を占めるはずだ、と考えたのである。実際また、男児におけるぶたれる空想の場合は、母親（のちにはその代理となる人物）にぶたれるというのがその内容であったため、予想は確証されたと思った。しかしながら、つねに本人が対象とされているこうした〔男児の〕空想は、それが意識的なものになりうるという点で、女児の第二局面〔の空想〕と異なっている。では、この空想はむしろ女児の第三局面〔の空想〕と等置されうるかというと、そこには別の相違がある。男児本人は、不特定多数のほかの子供たちと入れ替わることはない。また多数の女児と入れ替わることはない。つまり、〔男児の空想と女児の空想とのあいだに〕完全な並行関係があるとした予想は、裏切られてしまったのである。

私が材料としている男性の症例のうち、幼児期のぶたれるという空想をともなう事例は僅少で、性的活動でそれ以外に重大な障害をきたしているものはなかった。これにたいし、性的倒錯という意味において真正のマゾヒストと言わざるをえない患者の数は、比較的多かった。これらの男性は、マゾヒズム的な空想をいだいた場合、もっぱら自慰に性的満足を見いだしていた。もしくは、マゾヒズムと性器的活動との結びつきが強いため、マゾヒズム的な企てが行われ、またそれと同種の条件が整わないと、勃起と射精を果たすことができなかったり、正常な性交を行えなかったりしていた。さらに、かなり珍しい事例として、あるマゾヒストが、受忍の域をこえた強度の強迫表象のために倒錯的行為を阻まれる、という事例もあった。いったい、充足した倒錯者にとって、精神分析家の門戸を叩くべき理由はほとんどない。だが、右に述べた三種類のマゾヒストには、分析家のもとを訪れる強い動機がある。自慰に耽るマゾヒストは、いざ女性との性交を行おうとして、完全な不能に陥っていることに気づく。マゾヒズム的な表象ないし企ての助けを借りて性交を行ってきた男性が突然、性器がマゾヒズム的な刺激に反応しなくなって、それまでの〔性器的活動とマゾヒズムとの〕快適な結びつきが働かないことを目の当たりにすることもある。私たちは、心的に不能に陥り治療を求めてくる人びとに、確実に回復すると請け合うことをつねとしてきた。だが、障害の力動論がまだ未解明であるかぎり、こうした診断において控えめであってしかるべきかもしれない。分析が進展し、「たんに心的な」不能の原因として、入念かつきわめて長期にわたって根を下ろしているマゾヒズム的な立場があると判明したりすると、私たちは虚をつかれ、不覚をとるにちがいない。

いずれにせよ右のような症例から明らかになるのは、マゾヒズム的な男性の事例を、これ以上女性の事例との類比で探究するべきではなく、むしろ独立したものとして検討するべきだということである。というのも、そうした男性たちは、マゾヒズム的空想においても、その空想実現の企てにおいても、自分にかならず女性の役割をあてがう。つまり、彼らのマゾヒズムとは女性的立場と一体化するものなのだ。この点は、空想のこまかな部分にもとづいて簡単に証明できるし、患者自身もまたそれに気づいていて、主観的確信として言明するひとが多い。腕白少年、ボーイ、徒弟などがお仕置を受けるはめになる話に彩りとしてつきもののマゾヒズム的な場面でもまた、先の点はなんらかわらない。ところが折檻をくわえる人物は、空想であれ実際の企てであれ、いつも女性である。この一事だけで議論は混迷する。はたして幼児期のぶたれるという空想のマゾヒズムが、そうした女性的な立場にもとづくものなのかどうかについても、考えたくなるというものだ。[*2]

そういうわけで、大人のマゾヒズムという答えにくい問題はいまはおくとして、男性にみられる、幼児のぶたれ

＊2　〔一九二四年の追加〕この点の詳細については「マゾヒズムの経済論的問題」〔本全集第十八巻〕を参照。

る空想《ファンタジー》を取り上げよう。ここでもまた、幼少期の早い段階に分析をくわえると、驚くべき発見がある。母親にぶたれるという内容の空想は、意識的なものであるか、もしくは意識的になりうるものだが、いずれにせよそれは一次的ではないのだ。これにはつねに無意識的な前段階があり、その内容は「ぼくはお父さんにぶたれる」となる。つまりこの前段階は、まさしく女児の空想の第二局面に対応するものなのである。「ぼくはお母さんにぶたれる」という、おなじみの意識的な空想は、女児における第三局面にあたる。そこでは見知らぬ男児たちがぶたれる対象になっていることは、すでに述べたとおりだ。女児における最初の局面と対比できる、サディズム性の前段階が男児に存在することは証明できなかった。だがここで、そうした前段階が存在しないと結論することは控えたい。いっそう複雑なタイプの患者がいる可能性は、おおいにあると思う。

端的に言って、男性が空想においてぶたれることは、退行によっておとしめられた結果、性器的な意味で愛されることに等しいと言っても誤解はないだろう。つまり、男性の無意識的な空想はもともと、さきほど私たちがとりあえず考えた「ぼくはお父さんにぶたれる」ではなく、むしろ「ぼくはお父さんに愛されている」なのである。それが、おなじみの過程を経るうちに変換されて意識的な空想に、すなわち「ぼくはお母さんにぶたれる」になるのだ。つまり男児のぶたれる空想は、最初から受動的で、まさしく父親にたいする女性的立場から発したものなのである。それは、女性(女児)の空想と同じく、エディプスコンプレクスに対応している。私たちが予想した両性間の並行関係は否定されるものの、別種の共通性が明らかとなる。男性の場合でも女性の場合でもぶたれるという空想は、父親にたいする近親相姦的な拘束に由来するのである。(19)

ここで、両性におけるぶたれる空想にみられる前記以外の一致点と相違点をさらに挙げると、議論の見通しがよくなるだろう。女児の場合、無意識的なマゾヒズム的空想は、正常なエディプス的立場から生じる。それにたいし男児の場合は、父親を愛の対象とするという、顚倒された立場から生じる。女児の場合、空想には前段階(第一の局面)があり、そこではぶつことじたいは重要ではなく、妬ましい憎悪の的となっている人物がいることが大事である。男児の場合は、これらの特徴は認められない。しかしそうした相違点は、よりよい観察事例に恵まれれば、解消するとも考えられる。女児は、空想が意識的なものへと移行する過程で父親という存在、つまりぶつ人物の性別を変更しない。だが、ぶたれる人物とその性別が変わるため、最終段階では大人の男性が複数の男児をぶつのである。これとは反対に男児は、ぶつ人物とその性別を変更し、父親を母親に入れ替えるが、ぶたれる当人の性別は変わらない。したがって最終段階では、ぶつ人物とぶたれる人物とでは性別が異なることになる。女児の場合、もともとのマゾヒズム的(受動的)な状況は、抑圧を受けてサディズム的な状況へと転換するのであり、状況の性的性格はかなり薄らいでしまう。だが男児の場合、状況はつねにマゾヒズム的であり、ぶつ人物とぶたれる人物とでは性が異なるために、もともとの性器的な意味での空想との類似性をかなり保持する。無意識の空想が抑圧を受け改変されるため、男児は同性愛を免れる。男児があとから得る意識的な空想の奇妙な点は、同性愛的な対象選択を行うことなしに、女性的立場をその内容とすることである。これにたいして女児は同様の過程を経るうちに、愛の生活一般の要求から身を引き、男性的な能動性を発揮することなく、ただ自分を男性だと空想する。そして、性的行動をとるかわりに、傍観者としてその場に居合わせるだけである。

もともとの無意識的な空想は、抑圧によって大きく変化するものではないという推定は正当だ。意識のために抑圧され、その代替となるものはすべて、無意識のうちに保持されつづけ、いつなんどきでも作用を発揮することができる。だが、性的編成の早い段階へ向かう退行がある場合、それにともなう効果は別物となる。そうした退行は、無意識のありかたにも変化をもたらす。すなわち抑圧が生じたのち、男性であれ女性であれ無意識のうちでは、なるほど父親に愛されるという(受動的な)空想《ファンタジー》は残らないが、父親にぶたれるというマゾヒズム的な空想は残るとみてよいだろう。実際、抑圧がその意図するところをきわめて不完全にしか達成できていないことを示す徴候にも、こと欠かない。同性愛的な対象選択から免れたいと思っていて、しかも自分の性別を変更しなかった男児は、しかし意識的な空想においては自分を女児と感じ、ぶつ女性に男性的な属性や特性を与える。これにたいし、自分の性を放棄し、総じて徹底した抑圧作業を行った女児は、父親から解放されることがなく、自分からすすんでぶたれたいとも思わない。そこで、自分を男児にしてしまうために、主として男児がぶたれることになるのである。

以上、両性におけるぶたれる空想の相違について述べてきたが、われながら十分な説明になっていないことは承知している。この複雑な問題を、ほかの動因から独立したものとして追究し、その謎を解きほぐすことは、いまは控えておきたい。私自身、考察の材料が足りないと思う。ただ、あるかぎりの材料を用いて、二種類の理論を検討してみよう。それらの理論は、おたがい対立しているものの、抑圧と性的性格との関連を取り上げている。そして、それぞれの方向で、そうした関連をきわめて重要とみているのである。結論から先に言うと、この両理論は不適切で誤解を招くものだと私は考える。

第一の理論は、提唱者不明である。私がもう何年もまえに、当時交友のあった同僚[20]から聞かされたものだ。この理論は、雄大にして単純なところに魅力があり、その後の文献においてなぜわずかに暗示されるにとどまるのか、不思議と言わざるをえない。この理論は、人間はだれしも両性的な素質を備えているという立場に立って、男性的性格と女性的性格のあいだの闘争が各個人における抑圧の動因であると説く。すなわち、より強いものとして形成され、人格のなかで支配的となった性が、下位におかれた性の心のおもてだつ部分を無意識へと抑圧する。無意識の中核、つまり抑圧されたものとは、各個人に備わった、〔支配的な性に〕対抗的な性にかかわるというのだ。こうした主張に意味があるとすれば、それは、ある人間の性は性器の形成によって規定されるとみなす場合だけであろう。さもないと、その人物にとってのより強い性じたい不明確になり、結論から検討の出発点となるべきものを導き出す危険を冒すことになる。この理論を簡単にまとめると、無意識に抑圧されたものとは、男性の場合には女性的な欲動の蠢きに由来し、女性の場合にはその逆になる、というのだ。

第二の理論はあとから出てきたが[21]、両性の闘争を抑圧にとって決定的なものとみなす点では第一の理論と同じである。だが、それ以外の点では、第一の理論と対立せざるをえない。じっさい第二の理論が依拠しているのは、生物学的ではなく社会学的なものだ。アルフレート・アードラー[22]が提唱したこの「男性的抗議」理論によれば、各個人はみな劣位の「女性系列」にとどまるのをよしとせず、もっぱら充足をもたらす男性系列へ向かっていくという。アードラーはこうした男性的抗議から出発して、性格形成や神経症形成を一般的に説明している。だが残念ながらアードラーにおいては、やはりはっきり別物として扱われるべきこの両者の形成過程の区別は明瞭ではなく、そもそも抑圧という事実があまり顧慮されていない。それゆえ、この男性的抗議の理論を抑圧に適応しようとすると、誤解の危険が生じる。私のみるところ、そうした適応をこころみると、男性的抗議、つまり女性系列から離反したいと思う気持ちが、いかなる場合でも抑圧の動因をなすという結論に至るはずだ。だとすると、抑圧するものとはつねに男性的な欲動の蠢きであり、抑圧されているものは女性的な欲動の蠢きということになる。そして症状もまた、女性的な蠢きの結果ということになるだろう。症状の特性は、抑圧されているものが抑圧にもかかわらずみずからを貫徹したとき、その代替として現れる点にあるという私たちの立場は譲れない。

そこで、本稿で論じてきたぶたれるという空想《ファンタジー》の事例に即して、抑圧過程にいわば性別を与える点で共通しているこのふたつの理論を吟味してみよう。「ぼくはお父さんにぶたれる」という男児のもともとの空想は、女性の立場に対応している。つまり、自分とは違った性の素質の現れである。そうした素質が抑圧を受けているのであれば、抑圧されるものは、もう一方の性とつねに一致するという第一の理論が妥当するようにみえる。しかしながら、抑圧が成就したあとに生じる意識的な空想がまたもや女性の立場を示す、つまりこの場合にかぎって母親にかかわるとき、そうした一致は私たちの予想とは符合しない。とはいえこの問題は、すぐに決着をつけられるものであるから、立ち入って論じることは控える。「わたしはお父さんにぶたれる(すなわち愛される)」という女児のもともとの空想は、たしかに女性の立場として、その優勢で顕在的な性に対応している。つまりそうした空想は、第一の理論にしたがうなら、抑圧を免れているはずであって、無意識的になるには及ばないものだ。だがそれは現実には無意識的になり、本人の顕在的な性的性格を否定する意識的な空想によって代替される。したがって第一の理論は、ぶたれるという空想を理解するさいに利用できないどころか、当の空想によって反駁されてしまうのである。これにたいし、ぶたれる空想が発現し、またそれぞれの運命を経験するのは、女っぽい男児および男っぽい女児にほかならず、男児における女性性は受動的な空想をもたらし、女児における男性性は抑圧をもたらす、と論じることもできるだろう。また、そうした議論は理解できないでもない。しかしながらそこで主張されている、顕在的な性的性格と抑圧されるべきものとのあいだの関連は、同じく成り立ちえないものだ。私たちは基本的にはたんに、男性であれ女性であれ、個人には男性的な欲動の蠢きと女性的な欲動の蠢きがともに生じるのであり、双方とも抑圧によって無意識的なものになると考えている。

ぶたれるという空想に即した吟味にはるかによく耐えうるのは、男性的抗議の理論のほうだろう。男児の場合でも女児の場合でも、ぶたれる空想は女性の立場に対応する。つまり、女性系列にとどまることに対応する。そして両性とも、空想の抑圧を介して、ためらうことなく女性の立場を脱するのである。とはいえ、男性的抗議によって十分に説明できるのは、女児の場合のみだと思われる。女児においては、男性的抗議の作用のまさに理想的な事例がみられる。だが男児の場合の説明は不十分なものだ。女性系列は放棄されることがなく、男児は意識的なマゾヒズム的空想のなかで「上位」に立つわけではないからである。そうした空想は、男性的抗議が失敗した末に呈した症状とみてはじめて、この理論から導き出される推測に対応する。抑圧から生じる女児の空想もまた、価値や意味をもったひとつの症状であるという事実も、むろんこの理論の妨げになる。男性的抗議なるものがその意図を最後まで貫き通したとすれば、症状を形成する条件はもうなくなっているものと考えなければならないはずだ。

こうした難点からして、男性的抗議という議論のしかた全体が神経症や倒錯のさまざまな問題にあてはまらないのであって、その適用はなんら成果をもたらさないと思われる。そう言い切るまえに、受動的なぶたれる空想から眼を転じて、同じく抑圧を受けている子供の性生活の別の欲動の現れに注目してみたい。最初から男性系列からはずれることなく、男性的な欲動の蠢きを表現する願望や空想もまた存在することは、だれしも疑いえない。たとえば、サディズム的な衝動や正常なエディプスコンプレクスから生じる、男児の母親にたいする欲情がそれだ。これらもまたまちがいなく、抑圧をこうむる。男性的抗議が受動的で、のちにマゾヒズム的となる空想をうまく説明できたとすると、そのためにかえって、能動的な空想《ファンタジー》という正反対の事例にはまったく利用できなくなる。すなわち、男性的抗議の理論は抑圧の事実とそもそも相容れないのである。神経症と倒錯の解明にあたって、男性的抗議の原則になにほどかの意味を認めようというのは、ブロイアーによる最初のカタルシス療法(23)このかた、それによって得られてきた心理学の達成をすべて放擲してよいとする者だけだ。

観察にもとづく精神分析の理論は、抑圧の動因に性別を与えてはならないという立場を堅持する。心のうちにある無意識の核をかたちづくっているのは、太古からの人類の遺産である。そうした遺産のうち、のちの段階への進歩発展のなかで無用に、つまり新しいものと相容れないどころか有害となって取り残されていくものが、つねに抑圧に加担する。さまざまな欲動のうちには、こうした選択がうまくいくグループもあれば、いかないグループもある。後者が性欲動であり、それはすでに繰り返し指摘してきた(24)特殊な状況があるために、抑圧の意図をくじき、妨害的な代替形成を行っておもてに出てくるのだ。だからこそ、抑圧を受ける幼児期の性が症状形成の主たる原動力となり、その本質的な内容たるエディプスコンプレクスが神経症の核となるコンプレクスとなるのである(25)。子供においても成人においても性的逸脱とは、この同じコンプレクスから分岐するものだという推測が、本稿によってたしかなものになったと思う(26)。

(三谷研爾　訳)

ヴィクトール・タウスク追悼
Victor Tausk

幸運なことに戦争が精神分析家の隊列に求めた犠牲はそれほど数多くなかったが、そのなかに、講和が締結される以前に自ら生命を絶った、並外れて才能あるウィーンの神経科医もまた数え入れなければならない。

タウスク博士は、四十一歳になったばかりで、十年来、近しいフロイト支持者たちの集まる会の一員であった。もともとタウスク博士は法律家であり、しばらくの間ボスニアの裁判官として活躍していたが、あるとき、辛い個人的な体験が重圧となりその経歴を放棄してジャーナリズムに身を投じ、とりわけその幅広い一般教養を活かしてその能力を発揮した。ベルリンにてしばらくの間ジャーナリストとして活躍した後、同じ資格の下でウィーンにやって来た。そこで彼は精神分析を知り、やがてこれに従事しようと決意する。すでに成熟し、家族のある父親であったが、彼は再度の転職——それは何年にもわたって生計の道が断たれることを意味したはずである——に伴う大きな困難と犠牲を前にして恐れをなすことはなかった。実際、彼にとって、時間のかかる医学の研究は精神分析を実地で行う方便にすぎなかったのである。

世界大戦が勃発する直前、タウスクは二つめの学位を獲得し、ウィーンにて神経科医として開業した。そこで彼は比較的短期間のうちに相当数の診療をこなし、見事な成果をあげ、まさにこれからというところであった。この活動は野心ある若き医師に完全な満足と生活の可能性を約束していたにもかかわらず、突如、彼は戦争によってそれから無理矢理に引き剝がされてしまった。タウスク博士はすぐさま現役勤務に召集され、間もなく軍医中尉に昇任し、北部、バルカン（最終的にはベルグラード）のさまざまな戦場にて医者としての義務を献身的に果たし、それにより公式の賞賛を受けた。戦争中、タウスク博士は、遺憾にも非常に多くの医師たちが黙認し、それどころかその責任を分け持っていた数多くの濫用に対して、(1) 全身全霊を注ぎ、またいかなる事情にも囚われずに、率直に反対の意を表したことも、ここで称賛の意を込めて強調しておかねばならない。

何年にもわたった消耗する戦地勤務は、この飛び抜けて良心的な人間に重篤な心の障害を残さずにはおれなかった。一九一八年九月にブダペストで開かれた前回の精神分析会議には、長年のあいだ離れ離れであった分析家たちが再び集結したが、数年来身体を患っていた彼は特異な苛立ちを見せていた。

それから間もない昨年の晩秋、タウスク博士が軍務から退き、ウィーンに戻ったとき、内的にも消尽していた彼は、三たび――このたびは極めて不利な内外の状況下で――新たに生活を立て直すという困難な課題の前に立たされた。それに加え、思いやり深い父親であったタウスク博士は、すでに成人した二人の息子を残し、再婚を目前に控えることになった。病める者に情け容赦ない現実をつきつける多方面からの要求に彼はもはや応えることができなかった。〔一九一九年〕七月三日の朝、彼は自らの命を絶ったのである。

タウスク博士は、一九〇九年の秋以来、ウィーンの精神分析協会の一員であり、鋭い観察、的確な判断、格段に明晰な表現によって際立っているさまざまな寄稿をもって、(2) 本誌の読者によく知られている。これらの業績には、著者が適切にも自然科学の精確な方法と結びつけることができた哲学的修練がはっきりと現れている。哲学的基礎付けと認識論的な明晰さを求める彼は、極めて難しい問題をその深さ全体と包括的な意義において捉え、同時にそれを乗り越えようとせずにはおれなかった。その激しい研究への衝迫のあまり、ともすれば彼はこの方向に行き過ぎたときもあったかもしれない。生成途上の精神分析という学問に対してこの種の基礎を与えるには、おそらく時期尚早でもあったろう。タウスクが特別な才覚を現した哲学的な問題の考察は、これからよりいっそう実り豊かになるだろう。故人の最後の仕事の一つ、判断機能の精神分析に関するそれは、ブダペストでの前回の精神分析会議にて彼によって発表された——これはまだ公刊されていない[3]——が、この方向に進む彼の関心を示している。

　哲学的な才能と傾向のほかに、タウスクは抜きん出た医学と心理学の能力をも示し、この領域においても見事な業績をあげることができた。彼の臨床活動から、われわれはさまざまな精神病(メランコリー、統合失調症《シゾフレニー》)に関する有意義な探究に触れ、最大限の期待に胸を膨らませることができた。そして彼は、それにより志願した大学講師職への候補資格を得たのである。

　輝かしい弁論の才を発揮するタウスク博士が、精神分析に対する特別な功績として果たしたのは、講座を開設し、そこで何年にもわたって数多くの男女の聴衆に精神分析の基礎と問題について手ほどきを行ったことである。聴衆は、彼が講義で見せる巧みで明晰な教え方だけでなく、個々のテーマが深く掘り下げられることにも驚嘆した。

　故人を親しく知っていた者はみな、彼の澄みきった性格、自他に対する誠実さ、完璧で気高くあろうとする努力にはっきり表れる高潔な性質を高く評価した。彼の情熱的な気性は鋭い、ときに鋭すぎる批判に現れていたが、それも輝かしい表現能力と不可分のものであった。これらの人格的な特徴は、多くの者にとっては大きな魅力である一方で、いくらかの人に反感を起こさせたかもしれない。しかし、卓越した人間が目の前にいるという印象を与えられずにいた者はいなかっただろう。

彼にとって――その最後の瞬間まで――精神分析が意味していたものは何か、それについて残された手紙が証言している。その手紙のなかで彼は留保なしに精神分析を支持し、その価値がそう遠くない先に認められることへの希望を述懐している。あまりにも早くわれわれの学問とウィーンの仲間から奪い去られたこの者が、この目標の達成に貢献したのは疑いない。精神分析の歴史とその最初の戦いにおいて、その名を思い起こすべき名誉は確実に彼のものである。

(本間直樹　訳)

テーオドール・ライク博士著『宗教心理学の諸問題』第一部「儀礼」への序文

Vorrede zu *Probleme der Religionspsychologie* von Dr. Theodor Reik, I. Teil: Das Ritual

精神分析は医学上の必要から生まれた。それは安静も、水療法も、電気治療もその症状を軽減させることのできなかった神経病の患者を助けるという必要に由来する。ヨーゼフ・ブロイアーの何にも増して注目すべき経験のおかげで希望が芽吹いた。患者を苦しめる症状がどのように発生するのか、それまで究明されていなかったことが理解されればされるほど、よりいっそう多く患者を助けることができるだろう、と。このように精神分析はもともとは純粋に医学的な技法であったが、広範囲に及んでいる隠された諸関連を探索し、発見することへと始めから方向づけられていたのである。

精神分析はその発展の道を進むうちに、神経性疾患の身体的条件の研究から医者には奇異な感じを与えるほど逸れていった。その代わりに精神分析は、人間の生活、つまり健康者、正常者、正常さを超えた人の生活をも満たしている心の内実に関わるようになった。精神分析は情動や激情、とりわけ詩人たちが描き賛美して止まないもの、つまり性愛生活における情動に取り組まねばならなかった。また、想い出のもつ力、幼少年期がその後の成熟に対してもつ予想もしない意味、人間の判断を歪曲し、人間の〔心的〕追求をしっかりと軌道づける欲望の強さを知るようになった。当面の間、精神分析は、病者の心理学が正常者のそれから区別される理由を示せぬまま、心理学に吸収されるほかないように思われた。

だが、途上で精神分析が直面したのは夢の問題であった。夢は、規則的に繰り返される生理学的条件下で正常な人間が作り出す異常な心の生産物である。精神分析が夢の謎を解いたとき、無意識の心〔の過程〕のうちに、最高度の心の蠢《うごめ》きも最低度のそれもそこに同じ根を持ち、正常な心の働きも、病的で道を誤らせるそれも、そこから生じるという共通の地盤を発見した。こうして心のなかで駆り立てるものの像《イメージ》がいっそうはっきりと完全に描き上げられた。〔まず〕器質的なものに由来する暗き欲動の諸力があり、それらは、もともと備わっている目標を追求する。それら諸力の上位には、高度に組織された心の形成物――人類の歴史という強制のもとで人類が進化する上での獲得物――からなる審級順序が存在する。これら形成物は、割り当てられるそれら欲動の蠢きを受け取り、それらを発展させるか、それらにより高度な目標をあてがうかして出来上がったものであり、いずれにしても、それらを確固たる結びつきによって拘束し、欲動諸力を自身の意図のもとに統括している。ところが、われわれには自我として周知のものとなっているこの高度な組織は、同じ基本的な欲動の蠢きのある別の部分を利用できないものとして退ける。なぜなら、それらの部分は個体の有機的統一に組み込まれることができないか、あるいは、この個体のめざす文化的目標に反抗するからである。この自我は、自分に従わない心の諸力を絶滅させることができない。だが自我はそれらから身を背け、それらを最も原始的な心理水準に放置し、強力な防御や反対物を形成してそれらの要求から身を守るか、代替満足によって折り合いをつけようとする。このように抑圧を被った欲動、そしてその原始的な心の代理は、飼い馴らされず、破壊されず、だがいかなる活動も制止されながら、心の冥界、本来の意味での無意識の核を形成し、自らの要求を押し通そうとし、どんな迂回路を経ようとも満足に向かって突き進もうと絶えず身構えている。こういうわけで、自我と抑圧されたものの間の力関係〔比〕が自我の不利な方に変移するや否や、誇り高い心的上部構造も不安定になり、忌避され抑圧されたものが夢のなかで夜ごとに突進し、神経症や精神病を患わせる傾向が生じる、ということになる。

人間の心の生活に対するこのような理解が夢と神経症疾患の領域に限定されるはずがないことは、考察が進むなかでまったく明白なものとなった。もしその理解が正しい何かを言い当てているのなら、それは正常な心の出来事にも該当しなければならず、また、人間精神の最上の働きですらも、病理学において認められる諸要因、すなわち、抑圧、無意識の制圧、原始的な欲動を満足させる可能性に対してある関係を結んでいることが認識されなければならなかった。そのことから、ある抗い難い誘惑、学問的使命が生じた。つまり、精神分析の探究方法を、その母胎から遠く離れて、極めて多様な精神科学に応用することである。まさに、患者のもとでの精神分析の作業そのもののなかで、この新しい課題について絶えず考えさせられたのである。というのも、神経症の一つ一つの形態がわれわれの最高の文化の創造物と極めて強く共鳴しているのを耳にすることは間違いようがないからである。ヒステリー患者は、疑いもなく詩人である。患者の空想《ファンタジー》が本質的には模倣的な仕方でしかも他人がどう理解するかを顧みずに描き出されるとしても、である。強迫神経症患者に見出される儀礼と禁令からは、患者が私的な宗教を創り出したと判断せざるをえない。そしてパラノイア患者による妄想の形成でさえ、ありがたくもないが、哲学者が作る体系との外的な類似性と内的な親和性を見せている。このように、患者は非社会的な仕方で、患者の抱える葛藤の解消、自らに衝迫する欲求の沈静化を試みているが、その試みは、多数の者に対して受け入れられるような仕方で実行されるときには、文学、宗教、哲学と呼ばれるものと同じものなのだ、という印象を禁じえない。

O・ランクとH・ザックスは、一九一三年に誠に思慮に満ちた文書(『精神科学にとっての精神分析の意義』)を共に著し、それまでなされた精神分析の精神科学への応用の成果を報告した。神話学、文学史、宗教史は最も理解しやすい領域であるように思われる。神話については、そのような関連のなかに相応しい場所を割り当てるための最終的な公式が見出されていない。近親相姦コンプレクスについてのある大著のなかで、オットー・ランク[*1]は驚くべき証明をしている。つまり、とくに戯曲作品における素材選択が、おおむね精神分析がエディプスコンプレクスと呼ぶものの範囲内で決定されており、作家は、多様さ極まる変更や偽装や隠蔽によって、このコンプレクスを加工することで、この情動的テーマに対する作家自身の個人的な関係の解決を図ろうとする。エディプスコンプレクス、すなわち、家族に対する、狭義では父と母に対する情動的態度は、神経症を患う者一人一人が乗り越えるのに挫折し、それゆえその患者の神経症の核を決まって形成する素材である。しかし、このコンプレクスの意味は、われわれに理解できない出来事の重なりによって与えられるのではない。むしろ、幼い人間が長期間自立せぬままゆっくりと成熟するとともに、その性愛能力を複雑な行程で発展させるという生物学的事実が、この両親への関係に強調されて表現されている。そしてこの事実の帰結として、このエディプスコンプレクスの克服が、人間の古代の動物的な相続された遺産を最も目的に適った仕方で使いこなすことと一致することになる。この遺産には、なるほど個人が後の文化的発達のために必要となるすべての力が含まれているが、まずは分離され加工されなければならない。個々の人間が生来もっているかたちのままでは、この古代から相続したものは社会の文化的生活に役立てることができないのである。

　宗教生活に対する精神科学的な考察のための出発点を探すには、もう一歩踏み込まねばならない。今日個々人のうちに相続されているものは、かつて、幾世代にわたって次から次へと遠くそれが転移される以前は、新しい財産であった。したがって、エディプスコンプレクスもまた、ある発展の歴史を有しており、先史時代に関する研究によってそのことを推測することができる。研究によれば、人間の家族生活は太古の彼方においては今日われわれが知るものとはかけ離れた形態をとっていたと推測される。[1] そしてこの推測は今日もなお生存している未開人に関する調査結果から証明されている。もしこれに関する先史的、民族学的資料を精神分析によって加工してみるならば、予想せぬほど精確な結果が引き出される。つまり、かつて神なる父は肉体を具えて大地を歩き回り、原始群族の族長として支配権を行使していたが、ついにその息子たちが結託して彼を撲殺した。さらに、この解放のための惨行の影響によって、またそれに対する反動として最初の社会的拘束が生まれた。つまり、道徳的制約の基礎にして宗教の最古の形態、トーテミズムである。[2] ところで、後世の諸宗教も同じ内容によって満たされ、次のように努めている。一方で、父と息子たちの間の戦いに対して別の解決を代替させることで、かの犯罪行為の痕跡を消し去るか償うかする。他方で、父の除去を新たに繰り返さざるをえない。そのうえ、神話のなかにも人間の発達の歴史全体を巨大な影で覆う出来事の反響を認めることができる。

ロバートソン・スミス[3]の見解に基づいて、私が『トーテムとタブー』(一九一二年)において展開したこの仮説を、Th・ライクはその宗教心理学の問題に関する研究の基礎に据え、ここにその第一巻が刊行される。精神分析の技法を守りつつ、これらの論考はこれまで理解されていなかった宗教生活の詳細に出発点を置き、その解明によって宗教の最も深淵な前提と究極の目標を発見しようとしている。また、古代人と今日の未開人の関係、文化的営みと神

＊1　オットー・ランク『詩と伝説の近親相姦主題』ライプツィヒ-ウィーン、〔F・ドイティケ書店〕一九一二年。

経症的な代替形成の関連も確固として視野に収められている。読者が著者の序論に進まれること、そしてこの著作が専門家の注目を浴びるのを期待する意を書き添えておきたい。

（本間直樹　訳）

編注

論稿

精神分析作業で現れる若干の性格類型

（1）【SA フロイトが引用しているのはアウグスト・ヴィルヘルム・シュレーゲルとルートヴィヒ・ティークによる翻訳である。】なお、本訳文では『リチャード三世』と『マクベス』の引用に関して、白水社『シェイクスピア全集』第一巻（一九八五年）、第四巻（一九八六年）（いずれも小田島雄志訳）を参照した。

（2）【OC Baldr ないし Balder, Baldur は北欧神話における光の神。】

（3）【OC ドイツの伝説的英雄で『ニーベルンゲンの歌』の中心人物。】

（4）【OC 英語では unsex me. フロイトの用いたシュレーゲルとティークの翻訳では entweibt mich と訳されている。】

（5）【OC シラーの『メッシーナの花嫁』（第三幕、第五場、二〇〇六―二〇〇七行）への示唆。「行為がなされる前は別の顔、／それが成し遂げられれば別の顔」。】

（6）【OC ラファエル・ホリンシェッド（一五二九―八〇年頃）の『イングランド、スコットランド、アイルランド年代記』ロンドン、G・ビショップ社、一五七七年。】イギリスの年代記者。彼の年代記はシェイクスピアの劇作の主な資料の一つである。

（7）【OC この論考は出版されていなかったようである。ルートヴィヒ・イェーケルス（一八六七―一九五四年）は、のちに「シェイクスピアのマクベス」（*Imago*, V, 1917, 170-195）にてフロイトのこの段落を引用し、この理論に触れてはいるがわずかである。さらに後の「喜劇の心理学にむけて」（*Imago*, XII, 1926, 328-335）三二八頁にて、イェーケルスは再度この主題に戻ってはいるものの、それもやはり短いものである。】

（8）【OC「邸内で呼ばわる声」から「もう眠りはない」までに関して、フロイトは『マクベス』の二つの句を用いている（第二幕、第二場）。

「叫び声が聞こえたようだった、「もう眠りはない！／マクベスは眠りを殺した！」――あの無心の眠り」。「邸じゅうにさけんでいたのだ、「もう眠りはない！」／〔略〕「したがって〔略〕マクベスにはもう眠りはない！」」】

（9）【OC　ヘンリック・イプセン〔一八二八―一九〇六年〕の『ロスメルスホルム』全四幕、一八八六年〔邦訳『イプセン戯曲全集』第四巻、原千代海訳、未來社、一九八九年〕。】

（10）【SA　ほぼ二十年後、フロイトはロマン・ロランに宛てた公開書簡〔「ロマン・ロラン宛書簡――アクロポリスでのある想起障害」一九三六年〔本全集第二十一巻〕〕のなかで、アテネのアクロポリスを初めて訪問した旨を書き記し、"too good to be true"（あまりにも良すぎて本当とは思えない）という感情をこの論考で分析されている状況と比較している（GW-XVI 252-253）。】

（11）【SA　一九二四年までの版では dunklen Reden となっていた。すでに症例「ハンス」〔「ある五歳男児の恐怖症の分析」〕（一九〇九年、（GW-VII 277）〔本全集第十巻、四六―四七頁〕）や、症例「狼男」〔「ある幼児期神経症の病歴より」〕（一九一四年、（GW-XII 52-53）〔本全集第十四巻〕）において、罪責感が犯罪（悪事）への動因となるという考えが見られる。「狼男」は本論考よりも後〔一九一八年〕に出版されたが、執筆の大部分は一九一四年に行われた。】

ある可塑的な強迫表象の神話的並行現象

（1）サロモン・レナク（一八五八―一九三二年）は、フランスの考古学者。

（2）【OC　パリ、E・ルルー社。】

（3）ジャン・ヴェベール（一八六八―一九二八年）は、フランスの風刺画家。

ある象徴と症状の関係

（1）【SE　帽子の夢は『夢解釈』の第六章、E節（GW-II/III 365-366）〔本全集第五巻〕に収められている。】

（2）【SE　この儀式は『精神分析入門講義』〔本全集第十五巻〕第一七講にて詳述された症例に関係している。】この第一七講によれば、「壁の落書き」とは「開かれた女性性器」を意味しており、「頭」は男性性器の代替である、とフロイトは述べている（GW-XI276）。

アーネスト・ジョーンズ著「ジャネ教授と精神分析」へのコメント

（1）ジョーンズはピエール・ジャネに対する彼の論争をフロイトの編集する『国際医療精神分析雑誌』第四巻（一九一六年、公刊は一九一八年）、三四―四三頁に発表した。詳しくは「解題」を参照。

精神分析のある難しさ

（1）【OC　これは、シラーの「世界の賢者たち（Die Weltweisen）」という詩（一七九五年）の最終節をほのめかしており、フロイトは他の著作や論文でもときどき引用している。】

（2）ヘレニズム時代の天文学者（紀元前三一〇―二三〇年頃）。その地動説に関しては次の文献を参照。G・E・R・ロイド『後期ギリシア科学――アリストテレス以後』山野耕治・山口義久・金山弥平訳、法政大学出版局、二〇〇〇年、第五章「ヘレニズム時代の天文学」。

『詩と真実』の中の幼年期の想い出

（1）翻訳での「幼年期」にあたるドイツ語 Kindheit は、直訳すれば「子供の頃」または「子供の時期」にあたるものであるが、本訳では「幼年期」という語を用いる。【SA「幼年期」という語はフロイトの転写ミスであり、ゲーテのドイツ語原典では、「若い頃」（ドイツ語 Jugend）と表記されている。】

（2）ゲーテ『詩と真実』第一巻、山崎章甫訳、岩波文庫、一九九七年、一八頁。なおフロイトがここで引き合いに出しているゲーテの幼年期の想い出は、『詩と真実』の第一部、第一章に記述されている。

（3）【SE「日常生活の精神病理学にむけて」〔本全集第七巻〕第四章を参照。】

（4）【SA「強迫神経症の一例についての見解〔鼠男〕」（GW-VII 386）〔本全集第十巻、一八五頁〕の原注（4）に、同様の見解が述べられている。】

（5）ハンス・ザックス（一八八一―一九四七年）は、ウィーンに生まれ、オットー・ランクとともに、雑誌『イマーゴ』を共同で発刊した人物として知られる。

（6）エードゥアルト・ヒッチュマン（一八七一―一九五七年）は、ウィーンの精神分析家。

（7）『詩と真実』。

（8）ベッティーナ・フォン・アルニム（一七八五―一八五九年）は、フランクフルトに生まれ、ベルリンに没する。夫はロマン派の詩人・作家のアヒム・フォン・アルニム（一七八一―一八三一年）。ブレンターノは旧姓。ベッティーナは、同じくロマン派の詩人・作家クレーメンス・ブレンターノ（一七七八―一八四二年）の妹にあたる。【OC『ゲーテとある子供の往復書簡集』一八一〇年十一月二十四日付のベッティーナからの書簡。】

（9）【SA『夢解釈』第五章、D節β「大切な人が死ぬ夢」〔GW-II/III 254 ff.〕〔本全集第四巻、三三一頁以下〕に登場するコウノトリのエピソードを参照。】

（10）【OC ヘルミーネ・フォン・フーク＝ヘルムート（一八七一―一九二四年）。】オーストリアの児童精神分析の先駆者。

（11）【SE「ある五歳男児の恐怖症の分析〔ハンス〕」（一九〇九年）（GW-VII 326-327, 360）〔本全集第十巻、一一六―一一七頁、一五六頁〕。】この個所で、フロイトは、家具運搬馬車、乗合馬車、荷馬車が母親の妊娠を象徴的に代理するものとしてハンスの興味を引いた、と解釈している。

（12）【SA『夢解釈』第六章、E節「科学者の夢」〔本全集第五巻〕に登場する、母親との性交についての原注（GW-II/III 403-404）に同様の言及がみられる。】

処女性のタブー

（1）GWではこの個所のみ本文中に英語で引用されている。

（2）アルフレッド・アーネスト・クローリー（一八六九―一九二四年）は、イギリスの人類学者。ヘルマン・ハインリヒ・プロース（一八一九―八五年）は、ドイツの婦人科医・人類学者。マクシミリアン・カール・アウグスト・バルテルス（一八四三―一九〇四年）は、ドイツの外科医・人類学者。ジェームズ・ジョージ・フレイザー（一八五四―一九四一年）は、イギリスの人類学者。ヘンリー・ハヴロック・エリス（一八五九―一九三九年）は、イギリスの医者・性科学者・心理学者。

（3）ドイツ語版旧版（『著作集成』一九二四年）に見られたこれら引用文中の誤りは、底本（GW）では訂正されている。

（4）【OC ボールドウィン・スペンサー（一八六〇―一九二九年）とフランシス・ジェームズ・ジレン（一八五六―一九一二年）の『中央オーストラリアの原住部族』ロンドン、マクミラン社、一八九九年。】

（5）【OC ジョゼフ・トムソン（一八五八―九五年）の『マサイの大地を抜けて』ロンドン、S・ロウ社、一八八七年。】

（6）【OC アメリクス・フィーザーマンの『人種の社会史』ロンドン、トリューブナー社、一八八一―九一年。】

（7）【SA フロイトはこの点について、『集団心理学と自我分析』（一九二一年）（GW-XIII 110-111）〔本全集第十七巻、一六九―一七〇頁および、編注（37）〕、『文化の中の居心地悪さ』（一九二九年）（GW-XIV 473-474）〔本全集第二十巻〕において再び触れている。】

（8）原文では Regung のみだが、これが指しているのは Triebregung であり、本全集統一訳語にならって「欲動の蠢《うごめ》き」と訳す。

（9）【SA「性愛生活が誰からも貶められることについて（『性愛生活の心理学への寄与』II）」（一九一二年）（GW-VIII 86-87）〔本全集第十二巻、二三九―二四〇頁〕を参照。】

（10）【OC アードルフ・ヨーゼフ・シュトルファー（一八八八―一九四四年）。】ボトサニ出身のもと法律家でジャーナリストに転身。

（11）【OC インドのシヴァ神を象徴するファルス像。】

（12）【OC ジャック・アントワーヌ・デュロール（一七五五―一八三五年）。】フランスの考古学者・歴史家。

（13）【OC「生そして神経症における心的両性具有」（*Fortschritte der Medizin*, 28, 1910, 486-493）。】

（14）ルートヴィヒ・アンツェングルーバー（一八三九－八九年）は、ウィーンの作家・劇作家。
（15）【OC　フリードリヒ・ヘッベル（一八一三－六三年）。『ユーディット』は、ヘッベルの書いた最初の悲劇で、後に〔ヨハン・ネーポムク・〕ネストロイ〔一八〇一－六二年〕による『ユーディットとホロフェルネス』という標題でパロディ化されている。】『ユーディット』吹田順助訳、岩波文庫、一九五一年。
（16）ベラドンナはナス科の薬用植物。イタリア語で「美しい女性」を意味し、くすんだ紫色の花を咲かせ、実や根茎、根に強い毒性をもつ。
（17）【OC　イシドール・ザートガー（一八六七－一九四二年）。】オーストリアの内科医・精神分析医。
（18）アルトゥーア・シュニッツラー（一八六二－一九三一年）の『フォン・ライゼンボーク男爵の運命』（『学者の妻』所収）、広谷千代造訳、ゆまに書房、二〇〇六年。

精神分析療法の道

（1）【SA　「想起、反復、反芻処理」（一九一四年）〔本全集第十三巻〕、『精神分析入門講義』（一九一五－一七年）第二七講〔本全集第十五巻〕。】
（2）【SA　自我の総合する働きについては「制止、症状、不安」（一九二六年）Ⅲ節（GW-XIV 124-128）〔本全集第十九巻〕において仔細に究明されている。】
（3）【SA　この論文でのフェレンツィ自身の言葉、そして後に書かれた二番目の研究（フェレンツィ「精神分析における「能動的技法」」（*Internationale Zeitschrift für ärztliche Psychoanalyse*, VII, 34, 1921））によれば、このアイデアは、フェレンツィがフロイト本人から得たある口頭での助言に基づいている。】
（4）【SA　フロイトはこの原則をすでに転移性恋愛との関連で究明している（「転移性恋愛についての見解」〔本全集第十三巻〕）。】
（5）原語は Versagung.「何かがうまくいかない」、「拒絶する」を意味する動詞 versagen の派生語。「神経症の発症類型について」〔本全集第十二巻〕二二一頁の編注（1）を参照。

（6）【SA「神経症の発症類型について」（一九一二年）（GW-VIII 322-325）〔本全集第十二巻、二二二―二二四頁〕。】

（7）【SA「精神分析運動の歴史のために」（一九一四年）III節（GW-X 91 ff.）〔本全集第十三巻〕を参照。】

（8）【SA　これに関係するのは、アーネスト・ジョーンズが第四回国際精神分析会議（一九一三年、ミュンヒェン）にて報告した論文である（ジョーンズ「現在の葛藤に対する精神分析医の態度表明」（*Internationale Zeitschrift für ärztliche Psychoanalyse*, II, 2, 1914））。】

（9）【SA　パットナムの精神分析に対する見方についてのさらなるフロイトのコメントは、「J・J・パットナム著『精神分析論集』への序言」（一九二一年）〔本全集第十七巻〕および、「ジェームズ・J・パットナム追悼」〔本巻所収〕に見られる。】

（10）【SA　この技法上のこつについて、フロイトは症例「狼男」〔「ある幼児期神経症の病歴より」〕（一九一四年、I節（GW-XII 27 ff.）〔本全集第十四巻〕）において記述している。】

（11）【SA　この講演が行われた当時、アントン・フォン・フロイント〔一八八〇―一九二〇年〕は、このような診療所の創設を計画していた。「アントン・フォン・フロイント博士追悼」〔本全集第十七巻〕を参照。】

（12）【SA　オーストリア皇帝ヨーゼフ二世（一七四一―一九〇年）が行った型破りの慈善事業については、さまざまな伝説が広まっていた。同様のことに関連して、フロイトはすでに初期の技法論のなかで彼に言及している（「治療の開始のために」（一九一三年）（GW-VIII 466）〔本全集第十三巻〕）。】

（13）【SA　戦争神経症の治療はこの講演が行われた会議の主要テーマであった。】

精神分析は大学で教えるべきか？

（1）Universitas literarum. ラテン語。

（2）【OC　ハンガリー語の原典では、lélekelemzö（精神分析的な）の代わりに、lélekemelö（興奮させる）という語になっており、これは明らかに誤植である。】

（3）【OC　フロイト宛の一九一九年四月五日付の書簡でフェレンツィ自身が書いているように、この後に「戦略的な理由で」という句が彼によって付け加えられている。】

『戦争神経症の精神分析にむけて』への緒言

（1）【OC　国際精神分析出版社。】
（2）原語は Liebesversagung. 引用符をつけて書かれているが、全集中ここだけに登場する言葉である。
（3）【OC　この「ある外傷への反動」は草稿にはなかったが、校正時にフロイトによって書き加えられた。】

ジェームズ・J・パットナム追悼

（1）パットナムがヴァイマールでの国際会議に出席したのは一九一一年九月のことであり、フロイトの記憶違いのようである。

国際精神分析出版社と精神分析に関する業績への賞授与

（1）【OC　一九一八年九月二十八、二十九日、第五回国際精神分析会議。】
（2）【OC　アントン・フォン・フロイント。】
（3）【SE　これは当時二五〇ドルに相当した。】

「子供がぶたれる」

（1）SAやOCによると原文はフランス語標題 Bibliothèque rose. 当時広く読まれていた青少年向け文庫シリーズで、一八五七年に創刊された。そのなかにセギュール伯爵夫人の小説が含まれる。最も知られているのは『ソフィの不幸』。
（2）【SA　ハリエット・エリザベス・ビーチャー・ストウ〔一八一一―九六年〕の『アンクル・トムの小屋』一八五一―五二年。】
（3）【SA　この個所に関連して、『自我とエス』〔一九二三年〕第三章〔本全集第十八巻〕にて論及される昇華の理論が参照されよ

う。（GW-XIII 258-267）〔二五一―二五七頁〕を参照。】

（4）【OC　アルフレッド・ビネ（一八五七―一九一一年）の『実験心理学の研究――愛におけるフェティシズム』パリ、O・ドゥワン社、一八八八年。】

（5）【SA　このビネの観察にフロイトは『性理論のための三篇』（一九〇五年）においても言及している。彼は一九二〇年にその個所に付された原注（18）（GW-V 53-54）〔本全集第六巻、一九八―一九九頁〕のなかでビネを論評している。】なおこの注では、ビネの説によると「人生の早い時期」の性的印象はすべて、四歳ないし五歳以降に生じている、と述べられている。

（6）【SA　このテーマに関する論考「強迫神経症の素因」（一九一三年）〔本全集第十三巻〕を参照。】

（7）【SA　フロイトは第六の症例に関しては何も触れていない。】

（8）【SA　とはいえ、フロイトはこの男性に生じる、ぶたれるという空想《ファンタジー》について以下で述べている（（GW-XII 209-210）〔本巻一三四―一三五頁〕および、（GW-XII 217-221）〔本巻一四一―一四六頁〕）。ここで彼が「別のテーマ」と書いたのは、この空想は女児に特有の基礎をもつと考えたからであろう。】

（9）【SA　『マクベス』第一幕、第三場。「マクベスほど偉大ではないがずっと偉大なかた。／それほどしあわせではないがずっとしあわせなかた。／国王にはならないが国王を生み出すかた」。】

（10）【OC　J・H・W・ファン・オップハイゼン「女性の男性性コンプレクス論集」（*Internationale Zeitschrift für ärztliche Psychoanalyse*, 4, 1917, 241）。】

（11）【OC　Prügelknaben は、字義通りには棒でお仕置きされる男の子を意味する。Prügel は棍棒の意。】

（12）【SA　（GW-XII 226）〔本巻一五〇頁〕を参照。】

（13）【SA　フロイトはこの少し前の時期、『精神分析入門講義』（一九一五―一七年）〔本全集第十五巻〕、とくに第二一講と第二三講において、この問題に詳しく論究している。】

（14）【SA　『快原理の彼岸』（GW-XIII 59）〔本全集第十七巻、一一二―一一三頁〕においてフロイトは、もしかしたら一次的なマゾヒズムが存在するかもしれない、との推測を述べている。】

(15)【OC　ヘルベルト・ジルベラー(一八八二―一九二三年)。】ウィーンの精神分析家。

(16)【SA　ジルベラー「空想と神話」(*Jahrbuch für psychoanalytische und psychopathologische Forschungen*, 3, 1910, 329)を参照。「ナルシシズムの導入にむけて」(一九一四年)Ⅲ節(GW-X 162-163)〔本全集第十三巻〕を参照。もちろんこの審級はのちに「超自我」として描かれる。】

(17)【SA　ブロイラー「性的抵抗」(*Jahrbuch für psychoanalytische und psychopathologische Forschungen*, 5, 1913, 422)。】

(18)【SA　例えば、症例「鼠男」(一九〇九年)の病歴における議論(GW-VII 423-427)〔「強迫神経症の一例についての見解」本全集第十巻、二二七―二三一頁〕を参照。】

(19)【SA　ぶたれるという空想は「狼男」(一九一四年)の分析においても一定の役割を果たしている(GW-XII 50-51, 74-75)〔「ある幼児期神経症の病歴より」〔本全集第十四巻〕〕。】

(20)【SA　ヴィルヘルム・フリース(一八五八―一九二八年)のこと。】

(21)【SA　アードラーの抑圧理論については「狼男」(GW-XII 145)にて簡潔に論じられている。また、シュレーバーの分析における「男性的抗議」への言及(GW-VIII 277-278 およびそこに付された原注(35))〔「自伝的に記述されたパラノイアの一症例に関する精神分析的考察」本全集第十一巻、一四一―一四二頁〕、および「十七世紀のある悪魔神経症」における論及(GW-XIII 338-339)〔本全集第十八巻、二一四―二一五頁〕を参照。】

(22)【SA　アルフレート・アードラー「生そして神経症における心的両性具有」(*Fortschritte der Medizin*, 28, 1910, 486)。】

(23)【SA　ブロイアーとフロイトの『ヒステリー研究』(一八九五年)〔本全集第二巻〕のなかに公表された症例「アンナ・O」を指している。】

(24)【SA　例えばフロイトの「心的生起の二原理に関する定式」(一九一一年)〔本全集第十一巻〕を参照。】

(25)【SA　「鼠男」(「強迫神経症の一例についての見解」)の症例記述に付けられた長い原注(32)の最終段落(GW-VII 428)〔本全集第十巻、二三五頁〕を参照。】さらに、同注最終段落に付された編注(91)を参照。

（26）【SA　少女の場合のぶたれるという空想《ファンタジー》の第一段階に関するさらなる注解は、フロイトの後の論考「解剖学的な性差の若干の心的帰結」（一九二五年）（GW-XIV 25-26）〔本全集第十九巻〕に見られる。】

ヴィクトール・タウスク追悼

（1）当時、ドイツ軍やオーストリア軍の軍医たちは戦争神経症を見せる兵士たちに電気治療を施していたが、ときにそれは治療の目的から外れ、行き過ぎた処置がなされていたと報告されている。「戦争神経症者の電気治療についての所見」〔本全集第十七巻〕を参照。

（2）【SE　国際医療精神分析雑誌。】

（3）【SE　これは一度も出版されていない。】

テーオドール・ライク博士著『宗教心理学の諸問題』第一部「儀礼」への序文

（1）『トーテムとタブー』（GW-IX 152-153）〔本全集第十二巻、一六一―一六二頁〕を参照。

（2）前掲書（GW-IX 171-172）〔本全集第十二巻、一八二頁〕を参照。

（3）ウィリアム・ロバートソン・スミス（一八四六―一九四年）の『セム族の宗教についての講義』エディンバラ、A&C・ブラック社、一八八九年。

解題

本間直樹

伝記事項

ウィーンとブダペスト――このドナウ川によって結ばれた二つの都が、本巻に収められた時期のフロイトと精神分析の主な舞台となる。

ウィーンを抜け出たドナウ川の水流は、ブラティスラヴァを経由した後、現在のスロヴァキアとハンガリーの国境線を引きつつ東方に進み、やがて「ドナウ曲部」と呼ばれる曲線を描いて南下し、一八七三年に統合された旧ブダとペストの二つの街の間に注いでいる。ブダペストはベルリンと並んでヨーロッパで急成長を遂げた街であり、一八六七年は二十八万であった人口が一九一三年には約九十三万にも膨れ上がっていた。また、二十世紀初頭までには国営鉄道が整備され、食堂車つき急行列車がウィーンから四時間四十分でブダペストに到着することができた。それでも、二二〇キロメートル離れた二つの都を結ぶこの水路は安価な交通手段として重宝され、人びとは大きな白い外輪船で快適な一泊旅行を楽しんでいた。鉄道嫌いのフロイトが船旅を好んだことは想像に難くない。

昨晩、私たちは結構な船旅を終えてこちら［ブダペスト］に到着しました。船上では親愛なる友人たちに驚かされ、上陸のときにはまた別の友人たちに温かく出迎えられました。(一九一八年八月九日付アントンおよびロッシ・フォン・フロイント宛書簡)

一八六七年の「アウスグライヒ(妥協)」以後、ハプスブルク家の支配下で多数の民族を抱えながらも、帝国の夢をかろうじて延命させていたのはオーストリアとハンガリーの「二重帝国」であった。この時期、フロイトをはじめ多くの知識人・思想家を輩出したウィーンと並んで、ブダペストも劣らず数多くの著名人を生み出していた。一九〇〇年を挟む二十年間にブダペストに生まれ、ハンガリーの外で活躍した学識者に限っても、ゲオルク・ド・ヘヴェシー(一八八五—一九六六年)、ポラーニ・ミハーイ(マイケル・ポランニー、一八九一—一九七六年)、カール・マンハイム(一八九三—一九四七年)、ジョン・フォン・ノイマン(一九〇三—五七年)、ユージン・ポール・ウィグナー(一九〇二—九五年)らが並び、他にもゲオルク・ルカーチ(一八八五—一九七一年)やアーサー・ケストラー(一九〇五—八三年)なども、同時期に生まれている。またハンガリー内に目を向けても、やや世代は遡るが、例えばフロイトが著作のなかで言及している『トーテミズムの起源』(一九一〇年に再版)の著者、ピクレル・ジュラ(一八六四—一九三七年)とその弟子ショムロー・ボードグ(フェリックス・ショムロー、一八七三—一九二〇年)らが活躍していた。ピクレルとショムローはブダペスト大学法学部教授で、一九〇〇年に結成された「社会科学協会」の創設メンバーとして影響力を有していた。(ちなみにフロイトは『トーテムとタブー』のなかでトーテミズムの由来に関する学説を「唯名論的」、「社会学的」、「心理的」に分類し、ピクレルたちのそれを第一の分類に数え入れている(本全集第十二巻、一四〇頁)。

ここで、フロイトと同時代のブダペストの知的状況について少々触れておきたい。一九〇〇年頃までブダペストの知識人社会では準ドイツ語圏と言ってよいほどドイツ語が流通していた。十九世紀末までにドイツ・オーストリア式のギムナジウムの制度が整備され、その教師の多くが哲学博士を有するか、あるいは優れた人文学者であった。ハンガリーのギムナジウム卒業証書があれば当時最高水準のウィーン大学医学部に進学することが認められていた。また、六百軒にもおよぶカフェが街のいたるところに開かれ、人びとは比較的安価な食事を享受しつつ、地方から外国のものまで新聞や雑誌を自由に読むことができた。さらに各カフェのお決まりのテーブルにはジャーナリストや作家、芸術家のグループが陣取り、ときには記事や作品がそこで執筆されていた。そのような知的風土のなか、「西方」を意味する『ニュガト』誌が一九〇八年にイグノトゥシュ(フーゴ・ヴェイゲルスベルグ)によって発刊され、文字通り爆発的な人気を博していたアディ・エンドレを筆頭に一流の文人や芸術家たちが作品や批評を寄せていた。イグノトゥシュがフロイトに寄稿を依頼するのは、アディが生前最後の詩集『死へ』を発表するまだ少し前の一九一六年の頃である。また、ピクレルの影響下、マイケル・ポランニーの兄で経済人類学者のポラーニ・カーロイ(カール・ポランニー、一八八六―一九六四年)は、「ガリレイ・サークル」を結成し、そこでエルンスト・マッハ『感覚の分析』の講読会を行っていた。また、このサークルでは他にもさまざまなセミナーが開かれ、アヴェナリウス、オストヴァルト、ポアンカレ、W・ジェームズ、マルクス、ゾンバルトなど外国の諸思想が検討された。もちろんフロイトもそこに名を連ねている。

本巻に収録されているのは、一度目の世界大戦の勃発後しばらく経った一九一六年から、講和条約が結ばれる一九一九年までの時期に執筆されたものである。

一九一四年六月二十八日、ハンガリー、とりわけブダペストに反感をもつフランツ・フェルディナント大公が暗殺され、七月にはウィーンとブダペストでもあちこちでデモが巻き起こる。開戦以後、最初の数カ月は多くのウィーンの人びとと同じく愛国心の熱狂に動かされていたフロイトも、次第に厳しい現実に直面せざるをえなくなった。同年九月にドレスデンで開かれるはずであった国際会議も中止となり、三人の息子が戦地に向かい、弟子たちも次々に軍医として召集され、患者も激減する。二つの雑誌の刊行も危ぶまれる。開戦から一年以上が経過し、戦争長期化の不安のなか、一九一六年五月に六十歳の誕生日を迎えたフロイトが期待していたのは、ノーベル賞の知らせであった。ノーベル生理学・医学賞は、一九一四年にウィーン大学医学部耳鼻咽喉科講師であったハンガリー出身者の一人ローベルト・バーラーニが受賞（「前庭器官の生理学と病理学に関する業績」）して以来、該当者がいなかった。翌一九一七年には、そのバーラーニがフロイトをノーベル賞の候補に推薦する。皮肉なことに、彼はフロイトが「あまりに奇矯に見えたので何年か前に弟子にするのを断った人物」だった（一九一五年十月三十一日付フェレンツィ宛書簡）。

戦争が長期化し、連合国の諸国との交流が断たれた状況のなか、フロイトを心身ともに支えたのはハンガリーの友人たちであったと言える。実際、ハンガリーは二重帝国のいわば食料庫であり、とくに戦争中はハンガリーの最も貧しい人びとであっても、ウィーンの困窮状態よりはましなものだった。アメリカが連合国側について参戦する一九一七年の頃には戦局が悪化、ウィーンでは食料も燃料も不足し、フロイト一家も飢えと寒さに震える日々が続く。そんななか、フェレンツィやフォン・フロイントはさまざまな手段を講じて食料をフロイトに送り届け、おかげでフロイト一家は一般ではありつけない肉を食することができた。しかし、戦争が終結し帝国が崩壊すると事態は悪化を極める。アンナ・フロイトによると、困窮に喘ぐフロイトはハンガリーの雑誌（『ジョージャーサト』に掲載された「精神分析は大学で教えるべきか？」と推測される）の編集者に、原稿料の代わりにジャガイモを送ってほしいと依頼し、その後もこの原稿を「ジャガイモ菓子」と呼んでいたという。

二重帝国が瓦解する直前の一九一八年の夏、苦境の最中にあってフロイトと精神分析に希望の光をもたらしたのは、「しかるべきときに天の摂理によってわれわれに遣わされた人」（一九一八年九月三十日付フェレンツィ宛書簡）アントン・フォン・フロイントであり、そして、皮肉にも精神分析に注目が集まるきっかけとなった兵士たちの「戦争神経症」である。

音信が途絶えたことを心配するアブラハムの手紙に応えて、フロイトはこう書いている。

あなたの言う通り、私はあなたに戦争が始まって以来会っていません。手紙のやり取りではその代わりになりません。ですから私たちがブレスラウでの会議〔後にブダペストに変更になる〕の席上で会うのを格別の楽しみにしていますし、旅路に障害のないことを望みます。

あなたの最後の手紙〔六月二十一日付〕に私は応えていませんでした。そのころ私は怒っていましたし、飢えてもいたのです。ここで私はすでに恢復し平静を取り戻しました。ブダペストで新しい友人に迎えられたことは、楽しいことでした。タトラの山の空気は落ち着きを与えてくれました。それでしばらくのあいだ、私は元通り思い切って「この世の喜びとこの世の苦痛に耐える」ことができます。（一九一八年八月二十七日付アブラハ

ム宛書簡）

この夏、フロイトはブダペスト郊外シュタインブルックにあるフォン・フロイントの家に滞在する。フォン・フロイントは一八八〇年に生まれ、ブダペストの醸造業者として富を築くが、睾丸の肉腫の切除手術をきっかけに不安神経症に陥り、フロイトの治療を受けていた。自らの死を予感していた彼はフロイトの滞在中、巨額の財産を精神分析の発展のために寄付することを申し出る。それを受けて、滞在中に会議のための原稿を準備していたフロイトは、講演（本巻所収「精神分析療法の道」）にて民間の診療所の設置を匂わせる。しかし結局のところ、戦後の混乱と貨幣価値の下落の結果として、国際精神分析出版社の設立と賞授与のために使われることになった（本巻所収「国際精神分析出版社と精神分析に関する業績への賞授与」）。また、国際会議開催のためにも出資したフォン・フロイントに対して、フロイトは気を遣ってこんなことも書いている。「さらにあなたにお願いしたいのは、参加者に対する接待はほどほどにし、もてなしや宿泊の世話はかなり控え目に押さえていただきたいということです。こんなことをお願いするのも、あなたのためを思うからこそです。と申しますのは、あなたが出資者であるという印象を人に与えるのを私としては避けたいからですし、あなたご自身も当然そういう役を演じるのはいやでしょう」（九月十七日付フォン・フロイント宛書簡）。

こうしてブダペストは「精神分析運動の中心」となる。フォン・フロイント、そしてフェレンツィの尽力により、一九一三年ミュンヒェンでの第四回会議以来開かれていなかった国際精神分析会議が、一九一八年九月二十八日、二十九日、ブダペストのハンガリー学士院の広間にて開催される。参加者はオランダ人が二人、ドイツ人が三人、オーストリア＝ハンガリー人が三十七人、計四十二人と数は多くはないものの、後に出版された「『戦争神経症の精神分析にむけて』への緒言」(本巻所収)で述べられているように、戦争神経症に対する軍事的な関心からドイツ、オーストリア＝ハンガリーの政府代表が出席していた。それまでフロイトは覚え書きも用意せずに講演を行ってきたにもかかわらず、この機会に限って準備された原稿を読み上げ、彼をよく知る者たちを驚かせたという。いずれにせよ、この講演では、フェレンツィの能動的方法、フロイントの寄付による診療所の開設など、当時のフロイトの期待が率直に述べられている。この会議でフェレンツィは協会の次期事務総長に選ばれるとともに、翌月彼は、大学で精神分析が教えられることを要望するブダペスト大学の医学生たちから講義を依頼される。フロイトの「精神分析は大学で教えるべきか?」(本巻所収)はこれをきっかけに執筆された。

九月三十日、ウィーンに帰宅したばかりのフロイトは、興奮もまだ冷めやらぬ調子でフェレンツィ宛にこう認めている。

　私たちが帰郷したこの日、仕事を始める年度の節目にあたって、あなたがこの数日間あらゆる点で心からの友情を証明してくれたことに感謝し、また、あなたが大活躍されたおかげで会議は見事に成功して、あなたも昇格されたことに対しお祝いの言葉を述べずにはおれません。ザルツブルクの第一回会議の前に私があなたに言ったこと、私たちはあなたに大変期待しているという予言の言葉を思い出してください。

　私は満足感に浸っています。私の世話の焼ける子、つまり私の生涯の仕事が、あなたをはじめ他の人びとによって守られ、将来も保護されることが分かり、胸を撫でおろしています。よりよき時代が近づいてくるのが、遠くからであろうとも、私には見えることになるでしょう。

「遠くからであろうとも」とはいかにも思わせぶりな表現である。フェレンツィもこの言葉に反応し、十年ほど前に第一回のザルツブルク大会の後に指導的な立場から身を引くと述べたフロイトの言葉を思い出すと書いている（一九一八年十月四日付書簡）。

戦争中であるにもかかわらず、会議の参加者は市長や行政官に歓迎された。新しい温泉ゲッレールト・ホテルに宿泊して数々のもてなしを受け、ドナウ川の特別船を自由に使うことができた。しかしそれ以外のブダペストの街では、戦争で傷ついた帰還兵の姿が否応なく目につき、あちこちで労働者の抗議集会やデモが行われていた。その頃は「ハンガリー十月革命」のまさしく前夜であり、野党が急進的知識人と接近してミハーイ・カーロイ伯のまわりに結集し、ブルジョワ民主主義革命を企てる。十月末にはミハーイ・カーロイ内閣が成立、ハンガリーの独立を宣言し、十一月にはハンガリーは共和国となる。

その同じ十月、フェレンツィは診療所設立に向けて日々奔走していた。会議に出席していた将校と医師が軍務省に提出する会議の報告をまとめ、ブダペストに精神分析部局を設置することを勧めたという知らせを受ける。さっそくフェレンツィはフォン・フロイントらとともに将校らに会いに行ったことをフロイトに報告する（八日付フロイト宛書簡）。また、フロイント寄贈の一万クローネの受け渡しについて協議し、まずはザックス博士に手渡すためにウィーンのフロイトのもとに五千クローネを送ることになった（十二日付書簡）。フロイトはザックスとのやり取りについて報告する（十六日、二十日付書簡）。結局、寄付金は「国際精神分析出版社」の創設に宛がわれ、寄付金の利息は毎年精神分析に関する優れた業績に与えられる賞のために使われることになった。この間、ブダペストでは革命が進行し、フェレンツィは手紙をこのように始めている――「ここ数日、私は悲嘆に暮れながら古いハンガリーに別れを告げるということを経験しています。そのときに私を襲った感情は喪のそれと近いものです。つまり、私が同一化していた国のある部分が私自身から分離するということです」(二十二日付書簡)。

しかしフェレンツィも悲しんでばかりいられない。彼はフォン・フロイントとやり取りを続ける一方、今度はブダペスト大学で精神分析を教えてほしいという学生の要求を受ける。「大勢の医学部生たちが私に精神分析について講義をしてほしいと求めてきたので、私はもしそれに相応しい場所が用意されるのであれば引き受けてもよい、と返事しました。あっという間に運動が広がったのです！　私が精神分析を教える機会をもつことを求める一八〇〇の署名が大学の学長に対して送られています。私はこのことを公にはしたくありません。どのみち、精神分析の原則について無教養な議論がなされるだけでしょうから。いずれにしても非常に面白くなってきました。それ以外と言えば、すべては政治一色です」(二十五日付フロイト宛書簡)。

同じ日、フロイトはアイティンゴンに宛てて書く。「身震いするほど恐ろしい。古いものが死ぬのはいいが、新しいものはまだ生まれていません。私たちは新しいもののはじまりを告げるベルリンからの知らせを待っています。このオーストリア、このドイツには一滴の涙も出ません」(二十五日付書簡)。また、フェレンツィの手紙に応えて、「あなたがハンガリーの一愛国者であり、その点でいくらか痛ましい経験を予感せざるをえないこともよく分かります。ハンガリー人たちは、外の世界ではとりわけ愛され、尊敬され、つまりは「例外だ」とみなされているのだから、〔国土の〕縮減に脅かされながらも彼らだけがそれを免れることができる、という幻想に囚われているように思われます」（二十七日付書簡）。事実、フロイトが見抜いていたように、実際は、西の連合国たちはハンガリーのことなど眼中になく、ルーマニア、ユーゴスラヴィア、チェコスロヴァキアに対して領土を約束していたことをカーロイをはじめ革命の首謀者たちは知らず、二重帝国の崩壊を喜んでいたのである。十月三十日フロイトはカレンダーに書き込む、「ウィーンとブダペストで革命」。

十一月、フェレンツィの安否を電報で確認したフロイトは彼の無事を喜んでいる。「〔電報の〕おかげでブダペストがまた平穏を取り戻し、行き来できるようになったことが証明されました。孤独は、ぞっとするような無力感を催させます。今晩、休戦の知らせがきました。これをもって外国との戦争が終結したことが確かになりました。もしマルティンがまだ捕虜になっていなければ、今頃ドイツの領土上を進んでいることでしょう。オリ〔ヴァー〕が無事家に還ることができたのもあなたの国の人びとのおかげです。私はそのことを未だに感謝しています」（十一月三日付フェレンツィ宛書簡）。

十一月十一日ドイツが休戦協定を結ぶ。オーストリアではカール一世が退位し、それをもってハプスブルク帝国が崩壊する。この頃ようやくイタリアで捕虜となっていたマルティンの消息が分かった。後日、作家・演出家のエルンスト・ロータルがフロイトのもとを訪問したさい、フロイトは机の引出しからノートを取り出して彼に示したという。「オーストリア＝ハンガリー帝国はもうない。だが、私はよそへ行こうとは思わない。移住は問題外だ。手足をもがれた祖国と一緒に生きていこう。トルソーを元の全体だと思うことにしよう」（日付は、一九一八年十一月十一日）。ハンガリーの解体を嘆き、失われた帝国の夢の代理を求めているというフェレンツィの手紙（七日付）に対し、フロイトは素っ気なく応答している。「二日前、私は寄付の管理に関する規約の文案をあなたに送りました……あなたの助言を待ちます」(九日付フェレンツィ宛書簡)。十七日、フロイトは賞授与に関する規約案を委員会に回覧する。最初の賞は、アブラハム、ジンメル、ライクに与えられることになった。この年末、困窮の中フロイトは大部の『神経症小論文集成』第四巻を出版し、「処女性のタブー」(本巻所収)を発表する。

新年を迎え、三月十七日、フロイトは「「子供がぶたれる」」(本巻所収)を書き終え『快原理の彼岸』(本全集第十七巻)の執筆に取りかかったという知らせをフェレンツィに送っている。この頃、以前手術したフォン・フロイントの悪性腫瘍が腹部に転移していることが判明する。フェレンツィは彼の容態をフロイトにこまめに報告している。「トニ(フォン・フロイントの愛称)の容態を見て私は言いようもなく落ち込んでいます。彼は自分の運命を甘んじて受け入れ、それを耐えています」(フェレンツィの書簡、日付なし)。

他方、一九一九年に「精神分裂病における「影響装置」の発生について」を発表したタウスクが、同年七月三日に自殺する。彼はフロイトから分析を断られ、ヘレーネ・ドイッチュのもとで分析を受けていた。フロイトは『国際医療精神分析雑誌』にタウスクの追悼文を寄せるが、不思議なことに彼はそこでこの業績について触れていない。「彼は自分の過去と戦争体験に押し潰されたのです。今週、結婚することになっていたのですが、もう自分で自分をどうすることもできなかったのです。才能はあったけれど、私たちにとってはもはや無用の人物でした」(七月六日付アブラハム宛書簡)。同じ十日のフェレンツィ宛書簡でも、「トニの容態」に気を配る反面、タウスクについてはその自殺の原因を冷淡に分析しているだけである。

タウスクの場合とは正反対に、精神分析の支持者であるだけでなく、友人でもあったフォン・フロイントの喪失は、それを予見していたフロイトにとっても大きな衝撃であったようである。「フロイントはなにもかも知っています。たとえば彼は、自分のはめている指輪を自分の死後私に返すべきだと指図しました。それはアイティンゴンに贈られると感じていました」（一九一九年十二月十五日付アブラハム宛書簡）。フォン・フロイントが治療のためにウィーンに来ることになってからも、フロイトは毎日見舞いに通い、死に行く彼を無力感に苛まれながら見守っていた。

T・Fは昨日亡くなりました。不治の病から平和に解放されました。私たちの大義にとっては偉大な損失ですし、私には苦痛ですが、私は過去数カ月のあいだにこの苦痛を自分のものとすることができました。彼は、勇ましく、明晰な意識で無力感に耐えましたし、精神分析の名誉を汚しませんでした。（一九二〇年一月二十一日付アイティンゴン宛書簡）

この最後の文からも窺えるように、フォン・フロイントはフロイトと精神分析を最後まで裏切ることがなかったという意味で、死後もずっと最良の友であったと言えるだろう。短い間ではあったけれども、このハンガリーの友人がフロイトの精神分析に希望を与えたことは間違いない。

フォン・フロイントの死を悼む間もなく、その五日後には愛娘ゾフィーの突然の死がフロイトを待っていた。さまざまな死が彼を取り囲むなか、フロイトは死を考察することを自らの理論的な課題とすることになる。また、戦争が終結することにより、離れ離れになっていた協会のメンバーが再会を果たし、やがてフロイトはフェレンツィに対し、彼に託された事務総長職をジョーンズに譲ってはどうかと提案する。フロイトは連合国の人たちを相手に辟易しながら英語で精神分析を続ける。こうして、「精神分析の重心」はドナウを離れ「西方」へと移っていく。

書誌事項

「精神分析作業で現れる若干の性格類型」

初出は、『イマーゴ』誌、第四巻、第六号、一九一六年、三一七―三三六頁。

この論考は『イマーゴ』誌、一九一六年の最終号に掲載された。

シェイクスピアはフロイトが最も好んで取り上げる作家の一人であり、本論の前には「小箱選びのモティーフ」(一九一三年、本全集第十二巻)にて『ヴェニスの商人』と『リア王』が論じられている。本論では、フロイトは作品そのものを論じるのではなく、患者の症例を示す代わりに、作品中の登場人物に考察の主題を代弁させながら臨床的問題を論じるという巧みな技を披露している。取り上げられる人物は、Ⅰ節が『リチャード三世』のグロースター、Ⅱ節が『マクベス』のマクベス夫人、そしてイプセン『ロスメルスホルム』のレベッカである。Ⅲ節には作品は登場しないものの、犯罪学を扱うという新奇さのおかげで当時注目を集めた。


「ある可塑的な強迫表象の神話的並行現象」

初出は、『国際医療精神分析雑誌』第四巻、第二号、一九一六年、一一〇―一一一頁。


「ある象徴と症状の関係」

初出は、『国際医療精神分析雑誌』第四巻、第二号、一九一六年、一一一頁。

冒頭で触れられているように、帽子が男性性器を象徴することは『夢解釈』第六章「夢工作」のE節「夢における象徴的表現」(本全集第五巻)でも触れられていた。この論考は極めて短いながらも、ほぼ同時期に書かれた『精神分析入門講義』第一七講「症状の意味」(本全集第十五巻)で紹介されている症例と関連しながら、頭部と帽子と去勢の関係について簡潔に考察している。

「アーネスト・ジョーンズ著「ジャネ教授と精神分析」へのコメント」

初出は、『国際医療精神分析雑誌』第四巻、第一号、一九一六年、四二頁。(公刊は一九一八年)

一九一三年のロンドン医学国際会議にて、ピエール・ジャネはフロイトと精神分析に対して不当で不公平な攻撃を仕掛けた。それに対し、アーネスト・ジョーンズは「ジャネ教授、精神分析について——返答」(『異常心理学ジャーナル』第九巻、四〇〇—四一〇頁、一九一五年)と題された論文で応え、そのドイツ語訳が『国際医療精神分析雑誌』第四巻、第一号、一九一六年、三四—四三頁に掲載された。

ジャネはその誹謗的な演説のなかで、精神分析にわずかなりとも価値が認められるとすれば、そのすべては自分の著作から派生したものだと述べた。ジョーンズは、この主張を打ち消しながら、確かにブロイアーとフロイトの発見は一八八九年に出されたジャネの著作よりも後に出版されたが、ブロイアーとフロイトの研究はジャネのそれよりもかなり早くになされていた、と反論した。「二人の著者の共同研究はそれが初めて世に出される十年も前に始められており、われわれは『ヒステリー研究』のなかにも、そこで報告されている症例の一つは、出版の十四年前にカタルシス法によって治療されていることを、その証拠として認めることができる」。フロイトはこの個所

（四二頁）に「編者のコメント」と題して署名付きでこのコメントを寄せている。

ジェームズ・ストレイチによれば、ここでフロイトがあげている一八九一年という日付は、エミー夫人の治療の開始よりも二年遅く、また、エリーザベト嬢の治療開始より一年早い。


「精神分析のある難しさ」


初出は、『ニュガト』第十巻、第一号、一九一七年、四七―五二頁。

ハンガリー語訳タイトルは A pszichoanalizis egy nehézségéröl. ドイツ語初出は『イマーゴ』誌、第五巻、第一号、一九一七年、一―七頁。

『ニュガト』は、「西方」を意味し、一九〇八年にイグノトゥシュによって創刊された文学誌である。一九四一年八月まで発行され、現代ハンガリー文学に多大な影響を及ぼした。第一世代の編集には、アディ・エンドレ、モーリツ・ジグモンド、バビッチ・ミハーイ、コストラーニ・デジェー、トート・アールパード、カリンティ・フリジェシュら、当時の名だたる詩人や作曲家が関わっていた。隔月刊のこの雑誌は、メーテルリンク、マーク・トウェイン、トルストイ、ドビュッシー、プッチーニ、リヒャルト・シュトラウス、ラフマニノフ、ニジンスキー、フォーキンといった西ヨーロッパの文化や芸術を紹介しつつ、前衛文学グループの拠点としての役割を果たすほか、ニーチェやキェルケゴールなどの哲学者についてハンガリー語で論じる初めての雑誌として、知識人たちにインパクトを与えていた。

フロイトは、イグノトゥシュから寄稿を依頼され、精神分析の訓練は受けていないが高い教養を有する読者を想定してこの論考を書いたようである。本論考は一九一六年末の数カ月の間に作成され、翌年ハンガリー語訳で出版された。ハンス・ザックスの要請により、ドイツ語原文は二、三カ月後に『イマーゴ』誌で発表された。

本論文の最初の部分は、「ナルシシズムの導入にむけて」(本全集第十三巻)の簡単な要約である。人類一般のナルシシズムへの三つの侮辱の部分は、『精神分析入門講義』第一八講の終わりにも書かれており、その作成は、本論文とほぼ同時期であった。

「『詩と真実』の中の幼年期の想い出」

初出は、『イマーゴ』誌、第五巻、第二号、一九一七年、四九—五七頁。

この論考は、フロイトがウィーン精神分析協会にて行った二つの講演がもととなっている。最初の部分は一九一六年十二月十三日に、続きは一九一七年四月十八日に発表された。実際にフロイトがこの論考を書いたのは一九一七年九月になってからであり、それは(当時)ハンガリーのタトラ山での夏期休暇から戻る電車のなかであった。『イマーゴ』は当時、戦争の影響によりかなり不定期に刊行されたため、出版の日付は不確かである。ここで彼が下した結論の要約は、「レオナルド・ダ・ヴィンチの幼年期の想い出」(一九一〇年、本全集第十一巻)に一九一九年に書き足した長い注(三三頁、原注(28))のなかに見ることができる。

ゲーテは『詩と真実』を一八〇九年に執筆し始め、その終結部は彼の死の前(一八三一年)に完成した。ゲーテは、この著作の冒頭にて一七四九年八月二十八日に彼が生まれ、一七六五年まで過ごしたヒルシュグラーベン通りの旧宅について回想している。この家は、十六世紀末に建てられた二つの家からなっており、その二軒は階数が異なるにもかかわらず内部で連絡し、隠れ場所が無数にあった。それらは例の「格子窓の部屋」として一七五五年の改築のさいに犠牲にされた。

「処女性のタブー」

本稿は、一九一七年九月に執筆され、同年十二月十二日に、ウィーン精神分析協会の発表の席で読み上げられた（原題は「処女性のタブーと性的隷属〔虜〕（Das Tabu der Virginität und die sexuelle Hörigkeit）」）。出版されたのは翌年一九一八年であり、『神経症小論文集成』第四巻、二二九―二五一頁に収められた。

先行する二論文（「男性における対象選択のある特殊な型について」（一九一〇年、本全集第十一巻）、「性愛生活が誰からも貶められることについて」（一九一二年、本全集第十二巻））から数年隔てて書かれてはいるが、フロイト自身によって共通の標題『性愛生活の心理学への寄与』のもとに一つにまとめられた。このシリーズの第二論文との間に『トーテムとタブー』（一九一二―一三年、本全集第十二巻）が出版され、そのII「タブーと感情の蠢《うごめ》きの両価性《アンビヴァレンツ》」のある論点、つまり、タブーが形成される条件は根源的な感情の両価性《アンビヴァレンツ》であり、対立する感情の蠢きが心的葛藤をもたらし、その対立項の一方である「敵愾（敵対）心」を外部に投射するという洞察（同巻、八三―八五頁）をこの第三論文が引き継ぎ、発展させている。

また、本論後半では女性における不感症の問題が論じられる。その点では第二論文での男性の性的不能に関する研究（同巻、二三六―二四〇頁）と対をなす考察が行われ、そこで女性の不感症は、女性が太古に由来する男性への敵対的反応を反復するという反復の主題から説明されることになる。

「精神分析療法の道」

初出は、『国際精神分析雑誌』第五巻、第二号、一九一九年、六一―六八頁。

本稿は一九一八年九月二十八日、二十九日、第一次大戦の終結直前に、ブダペストにて開かれた第五回国際精神分析会議にてフロイト自身によって読み上げられた。彼がこれを準備したのは、会議の前の七月、ハンガリー、ブダペスト郊外のシュタインブルッフにあるアントン・フォン・フロイントの家に滞在しているときであった(フォン・フロイントの計画はこの講演のなかでも仄めかされている)。

この講演のなかでとくに強調されているのは「能動的」方法である。これは後に主にフェレンツィの名に結びつけられることになるが、フェレンツィ自身はこの語はフロイトによる助言に由来すると述べている(本論文、編注(3)を参照)。また、ニュルンベルクで開かれた第二回国際会議での講演「精神分析療法の将来の見通し」(一九一〇年、本全集第十一巻)では、強迫神経症の治療に関して、患者の欲動が満足を得るのを部分的に認めるとしてもそれはどの程度なのか、そのさい欲動の「能動的(サディズム的)あるいは受動的(マゾヒズム的)な性質」がいかに区別されるのかが問題となる、と述べられており、本稿がこの問題を引き継いで論じている。

ほぼ二十年後、死を目前に書かれた二つの論(「終わりのある分析と終わりのない分析」、「分析における構築」(ともに一九三七年、本全集第二十一巻))を除けば、フロイトが純粋に技法論を書いたのはこれが最後となる。

「精神分析は大学で教えるべきか?」

初出は、『ジョージャーサト』第五十九巻、第十三号、一九一九年、一九二頁。

ハンガリー語タイトルは、Kell-e az egyetemen a psychoanalysist tanitani? 英訳(SE)は一九五五年、ドイツ語全集別巻(GW-Nb)への収録は一九八七年、六九九―七〇三頁である。

この論文は、一九一九年三月三十日のブダペストの医学雑誌『ジョージャーサト』に、ハンガリー語訳(おそらくフェレンツィによる翻訳)で最初に出版された。この論文は、医学教育改革に関するシリーズのなかに含まれ、さまざまな著者が投稿していたようである。フロイトが一九一八年秋、ブダペストでの第五回国際精神分析会議に参加した後に、この論文の原文は書かれたようであるが、ドイツ語原文は現在はまったく残っていない。その当時、ブダペストの医学生のあいだで、精神分析を医学教育カリキュラムに採用するための運動が起こっていた。実際、一九一九年三月にボルシェヴィキ政権が一時的にハンガリーを支配したときに、フェレンツィは大学で精神分析の教授に任命された。

本論文の再発見は、ブエノスアイレスのルドビコ・ローゼンタール博士の努力によっており、そのコピーに基づいて英訳が作られた。ドイツ語版全集別巻に収められているドイツ語版は、この英訳版をアンナ・フロイトが翻訳したものである。

「『戦争神経症の精神分析にむけて』への緒言」

初出は、『戦争神経症の精神分析にむけて』ライプツィヒ―ウィーン、国際精神分析出版社、一九一九年、三―七頁。

一九一八年九月二十八日、二十九日、ブダペストにて開催された第五回国際精神分析会議にて、戦争神経症の問題に関する討論会が開かれ、フェレンツィ・シャーンドル、カール・アブラハム、エルンスト・ジンメルが発表を行った。この三つの報告にフロイトの緒言が付され、一九一九年に小冊子として出版され、そこに同じ主題についてアーネスト・ジョーンズが一九一八年四月九日にロンドン王立医学協会にて読み上げた報告文も掲載された。

「ジェームズ・J・パットナム追悼」

初出は、『国際医療精神分析雑誌』第五巻、第二号、一九一九年、一三六頁。

ジェームズ・ジャクソン・パットナムは一八四六年に生まれ、ハーヴァード大学の神経学教授としてアメリカで影響力ある立場にあった。彼は早くから精神分析に関心を寄せ、一九〇九年にフロイトがユング、フェレンツィとともにG・スタンリー・ホールに招かれて渡米し、ウスターのクラーク大学で講義を行ったときも、彼は熱心に聴講し、フロイトたちと議論を交わした。爾後、彼はアメリカにおける精神分析の擁護者としてアメリカでの精神分析受容に大きな役割を果たしていたが、その一方で、本追悼文や「精神分析療法の道」(本巻所収)あるいは『みずからを語る』(本全集第十八巻)でのパットナムへの言及が示しているように、フロイトは彼の哲学的傾向とその道徳的企図に対しては終始距離を置いていた。

「国際精神分析出版社と精神分析に関する業績への賞授与」

初出は、『国際医療精神分析雑誌』第五巻、第二号、一九一九年、一三七—一三八頁。

「伝記事項」を参照。

「子供がぶたれる」

初出は、『国際医療精神分析雑誌』第五巻、第三号、一九一九年、一五一―一七二頁。

「マゾヒズムの発生」について論じた一九一九年一月二十四日付フェレンツィ宛書簡によれば、フロイトは年頭に本論を書き始め、三月中旬に仕上げた後、同年の夏に刊行した。

この論文の大部分は、(「ぶたれるという空想」として表現される)ある特殊なタイプの性的倒錯に関する詳細な臨床的研究に割かれている。ここでフロイトが探り当てた事柄はとりわけマゾヒズムの問題に光を投げかけているが、しかし、「性的倒錯の発生をめぐる知見への寄与」という副題が告げているように、本論の狙いは性的倒錯一般に関する知識を拡げることにある。この観点からすれば、本論を『性理論のための三篇』(一九〇五年、本全集第六巻)の第一篇を補完するものとみなすことができるだろう。

それ以外にも、本論にはフロイトにとって重要な意味をもっていたあるテーマが含まれている。それは、抑圧が引き起こされる動因に関する議論であり、これについてフリースとアードラーの提示した理論に対する論評がなされている(VI節)。抑圧の機制については、フロイトによるメタサイコロジー的論考の二編、「抑圧」、「無意識」(ともに一九一五年、本全集第十四巻)において詳細に論究されているが、しかし、「狼男」の分析、すなわち「ある幼児期神経症の病歴より」(一九一四年、同巻)の最終節にて触れられていた、抑圧を引き起こす動因の問題が事細かに論じられるのはもっぱら本論においてである。この問題は非常に早い時期からフロイトの関心を惹くとともに彼を悩ませ続け、フリース宛書簡でもたびたび触れられている。フロイトは死を前にして再びこの問題に回帰し、「終わりのある分析と終わりのない分析」(一九三七年、本全集第二十一巻)の最終部にて、フリースとアードラーの理論について議論を行っている。

「ヴィクトール・タウスク追悼」

初出は、『国際医療精神分析雑誌』第五巻、第三号、一九一九年、二二五—二二七頁。編集者の署名の下に同誌に掲載された。

ヴィクトール・タウスクは、一八七九年現在のスロヴァキアのジリナに生まれる。この追悼の文面にも現れているようにフロイトはこの若き才能溢れる人物の死を冷徹に受け止めていたようである。詳しくは「伝記事項」を参照されたい。タウスクの享年についてはフロイトの記憶ちがいと思われる。

「テーオドール・ライク博士著『宗教心理学の諸問題』第一部「儀礼」への序文」

初出は、テーオドール・ライク『宗教心理学の諸問題』第一部「儀礼」、ライプツィヒ-ウィーン、国際精神分析出版社、一九一九年、前付七—十二頁。この書の第二部は出版されなかった。

翻訳にあたっては、「凡例」にあげられる英訳、仏訳のほか、人文書院版『フロイト著作集』を参照した。また、「解題」の「書誌事項」執筆にあたっては、「凡例」にあげられる各種校訂本、注釈本、翻訳の書誌情報および編者注記をもとに、必要に応じて加筆を行った。同じく「解題」の「伝記事項」執筆にあたっても、アーネスト・ジョーンズ『フロイトの生涯』（竹友安彦・藤井治彦訳、紀伊國屋書店、一九六四年）、およびピーター・ゲイ『フロイト1・2』（鈴木晶訳、みすず書房、一九九七・二〇〇四年）ほか、ジョン・ルカーチ『ブダペストの世紀末』（早稲田みか訳、白水社、一九九一年）、栗本愼一郎『ブダペスト物語――現代思想の源流をたずねて』（晶文社、一九八二年）など各種関連文献を参照させていただいた。ここに謝意を表明する。

＊　本解題中にある雑誌名・出版社名の原語は以下のとおり。

『ニュガト』*Nyugat*
『ジョージャーサト』*Gyógyászat*
「国際精神分析出版社」Internationaler Psychoanalytischer Verlag
『国際医療精神分析雑誌』*Internationale Zeitschrift für ärztliche Psychoanalyse*
『イマーゴ』*Imago*
『異常心理学ジャーナル』*Journal of Abnormal Psychology*

■岩波オンデマンドブックス■

フロイト全集 16
1916-19 年――処女性のタブー 子供がぶたれる
本間直樹 責任編集

2010 年 2 月25日 第 1 刷発行
2024 年 9 月10日 オンデマンド版発行

訳 者 本間直樹《ほんまなおき》 家高《いえたか》 洋《ひろし》
三谷研爾《みたにけんじ》 吉田耕太郎《よしだこうたろう》

発行者 坂本政謙

発行所 株式会社 岩波書店
〒 101-8002 東京都千代田区一ツ橋 2-5-5
電話案内 03-5210-4000
https://www.iwanami.co.jp/

印刷／製本・法令印刷

ISBN 978-4-00-731475-9 Printed in Japan